Parent
Child
Interaction
Therapy

1日5分で
親子関係が
変わる!

育児が
楽になる!

PCIT

Parent
Child
Interaction
Therapy

親子相互交流療法

から学ぶ

子育て

精神科医
加茂登志子

小学館

はじめに

はじめまして。そして、この本を手に取ってくださってありがとうございます。私は精神科医で、医者になってしばらくは思春期以降の、多くは大人の患者さんばかりを診てきました。そんな私が子どもや親子の治療も学びたい、と考え始めたのは今から20年ほど前に遡ります。

行き場を失った女性、中でもドメスティック・バイオレンス（ＤＶ）被害女性が助けを求めて入所する施設をシェルターといいます。シェルターには幼い就学前の子どもを連れて逃げてくるお母さんが少なくありません。

20年前シェルターでＤＶ被害女性の支援に関わるようになった私が、お母さんが子育てに悩んでいるだけでなく、子どもたちもとても傷ついて苦しんでいること、母子の関係自体が危機的な状態に陥っている場合もあることに気が付くのにさほど時間はかかりませんでした。

ここ数年話題になっているＤＶと子ども虐待が共にある重症ケースも、当時から日常的なレベルで相談があったのです。

日本では子どものメンタルを治療する施設は限られ、親子関係の改善に決め手となるような治療法にも出会えず、どうしたらいいのだろうと悩む中、ＰＣＩＴ（Parent-Child Interaction Therapy：親子相互交流療法）の存在を初めて知ったのは、つまり運命の出会いがあったのは、２００４年のことでした。

とある学会での講演のために来日していたフランク・パトナム先生（子ども虐待や解離の研究でとても有名な研究者で、当時シンシナティ子ども病院でＰＣＩＴに取り組んでおられました）に、学会の懇親会で弱音を吐くような質問をした私に、彼はにこにこしながら「いいプログラムがあるよ」と教えてくれたのです。

翌２００５年、私は初めてＰＣＩＴのワークショップを受けにシンシナティまで出かけ、２００８年、シンシナティのトレーナー２人を招いて日本で初めてのワークショップを開催、もっと学びたいと思い、このＰＣＩＴを開発したセーラ・アイバーグ先生のワークショップをフロリダに受けにいったのが２０１０年、アイバーグ先生とその愛弟子のエリザベス・ブレスタン・ナイト先生を招いて再びワークショップを開催したのが２０１２年です。

この時間的、空間的な旅は、私が親子から始まる人と人との関係性というものの大切さを学び直す旅でもありました。そして今も、その旅は続いています。

当初は、ＤＶ被害母子に何とか改善してもらいたいと思って始めたＰＣＩＴでしたが、発達障害のお子さんのいる家族、虐待リスクのある家族等、徐々にＰＣＩＴを受ける家族のすそ野は広がっていき、それにつれて私たち日本人セラピストの経験も少しずつ深まっていきました。

２０１５年以降、幸いなことに私自身トレーナーとして日本国内でＰＣＩＴのセラピストを養成する立場に立つことができるようになった結果、北海道から沖縄まで、日本中のＰＣＩＴを求める親子を知る機会にも恵まれることになりました。

私が若い親として子育てに奮闘していたのはもうずいぶん前のことですが、この旅はなるほど、子どもとの関係を築くスキルというのは実は人生にとってこんなに重要なものだったのだと、今更ながら気づいていく過程でもありました。あの時、誰か教えてくれたらよかったのに。正直そんなふうにも思いました。

そんなこんなで私はまだ旅の途中にいるのですが、この本は、そのマイルストーンとして、皆さんの子育てにきっと役に立つと思うＰＣＩＴのエッセンスとスキルをまとめたものです。ＰＣＩＴは本来は治療として発展してきたものですが、何かの診断名がなかったとしても、子育ての現場で幅広く使えるプログラムです。

別な言い方をするならば、私が子育てに必死になっていた頃に、これを知っていればもっと子どもとの貴重な時間を楽しめたのではないかと思うスキルたちの塊がＰＣＩＴです。セラピストやトレーナーとしての立場から伝えたいものももちろんたくさんありますが、今回私が皆さんに一番伝えたいのは、実はそのあたりです。

年が明けてすぐ始まった新型コロナウイルスの大流行に、今、世の中は大きく揺れています。この本のお話をいただいた２０１９年の初秋、翌春にこんなことになるなんて誰が想像したでしょうか。

誰もが不安になる中、小さな子どものいる家族はいっそう大きな不安を抱えておられるのではないかと思います。

多くの学校は休校になり、仕事もテレワークが推奨されるようになり、望むと望まざるとにかかわらず家族が集まって家で過ごす時間が急に増えています。親も子どももストレスがたまるのは当然です。

しかし、折しもこの4月から「児童虐待防止法」などの法律で体罰が明確に禁止され、これまでの子育ての「常識」は大きく見直されることになりました。こんな時だからこそ、子どもとの「特別な時間」に私達と一緒に取り組んでいただけると嬉しいです。

Contents

はじめましてPCIT 子育てでHAPPYになるために

私たちは子育ての岐路にいる

この本を手に取った方は、いったいどんなことに困り、どんなことを期待しておられるでしょうか。「言うことを聞かない」「乱暴なことをする」「落ち着かない」「ぐずぐずする」などは就学前の小さな子どもの、いわばおなじみの行動です。

でも、その程度が激しくなって親が管理できないと、家庭の中や幼稚園、保育園、バス、電車、デパート、公園などで家族以外の人を巻き込んだトラブルが起きやすくなります。

周りの厳しい目にいたたまれない思いをしたり、けがを心配して一緒に走り回ったり、「なんでわかってくれないの！」と子どもに腹が立ったりしたことも1度や2度ではないでしょう。

朝の保育園でバイバイのときにしがみついて泣かれ、後ろ髪を引かれながらも子どもの手を振りほどいて一目散に職場に向かったこともあるかもしれません。

いわゆるイヤイヤ期にあたる2歳前後の子どもでは、「もしかしたら注意欠如・

多動症（ADHD）や自閉スペクトラム症（ASD）などの発達障害が隠れているのではないかしら」と心配している方もいるかもしれません。

ついつい子どもを叩いてしまって、「トラウマにならないかしら」と悩んでいる方もいることでしょう。

子どもは子どもらしくのびのびと育てたい。でも一方で社会のルールもしっかり身につけさせて、大人になってから社会で困らないようになってほしい。子育ての悩みや葛藤はつきません。

子どもへの体罰は、しつけの一環として、長い間日本で容認されがちでした。新聞に報じられたあるアンケート調査では、約6割の回答者が容認しているという結果もみられています。

しかし、子ども虐待の相談件数が増え続ける中、悲惨な子どもの虐待死が相次いだことから児童虐待防止法や児童福祉法が改正され、2020年4月、日本でもついに体罰が禁止されることになりました。

それに先立ち、厚生労働省の「体罰等によらない子育ての推進に関する検討会」

は、次にあげる行動はすべて体罰であるとしています（「体罰等によらない子育てのために」２０２０年2月）。

・言葉で３回注意したけど言うことを聞かないので、頬を叩いた
・大切なものにいたずらをしたので、長時間正座をさせた
・友達を殴ってけがをさせたので、同じように子どもを殴った
・他人のものを取ったので、お尻を叩いた
・宿題をしなかったので、夕ご飯を与えなかった
・掃除をしないので、雑巾を顔に押しつけた

「こんなのみんなやっていることでしょ?」と驚かれた親は少なくないと思います。

しかし、これらは世界的に見ても、体罰に含まれる行為です。

また、世界を見渡してみると、２０１９年の時点ですでに58か国が体罰を禁止しています。日本は先進国では体罰についての認識がかなり古いほうの国なのです。

体罰禁止の背景には、倫理的見解のほかに、多くの医学的・疫学的研究で指摘さ

れた体罰の心身へのネガティブな影響があります。

例えば、藤原武男・東京医科歯科大教授（公衆衛生学）やイチロー・カワチ米ハーバード大教授らの研究チームは、約２万９千人のデータから、３歳半の時にお尻を叩くなどの体罰の有無が、５歳半に成長した時の行動にどう影響しているか分析しました。

その結果、３歳半の時に保護者から体罰を受けていた子どもは、全く受けていなかった子どもに比べ、５歳半の時に「落ち着いて話を聞けない」という行動のリスクが約１・６倍、「約束を守れない」という行動のリスクが約１・５倍になるなど、問題行動のリスクが高いこと、そして、体罰が頻繁に行われるほど、リスクも高くなっていることがわかりました。

そのほか、「１つのことに集中できない」、「我慢ができない」、「感情をうまく表せない」、「集団で行動できない」リスクが高まることも指摘されています。

また、テキサス大学オースティン校のエリザベス・ガーショフ准教授らの研究では、体罰は、親子関係の悪さ、周りの人を傷つける等の反社会的な行動、攻撃性の強さ等との関連が示されており、また、それらの有害さは、虐待に至らない程度の軽い体罰であっても、深刻な身体的虐待と類似していると報告されました。

日本の有名な研究もあります。福井大学の友田明美教授らの研究によれば、厳格な体罰（頬への平手打ちやベルト、杖などで尻を叩くなどの行為）を長期的かつ継続的に受けた人たちの脳では、前頭前野の一部である右前頭前野内側部の容積が平均19・1パーセントも小さくなっていました（Tomoda et al. 2009）。

この領域は感情や思考をコントロールし、犯罪抑制力に関わっているところです。さらに集中力・意思決定・共感などに関わる右前帯状回も、16・9パーセントの容積減少がみられ、物事を認知する働きをもつ左前頭前野背外側部も14・5パーセント減少していました。

虐待のことだけではありません。21世紀になって20年、育児の現場である家庭のあり方も急激に変わり続けています。

昭和の高度経済成長期の「お父さんは外で仕事に、お母さんは家で家事と育児に」「大家族の笑いあり涙ありの穏やかな日常」という男女役割分担を背景とした大家族モデルは、まだテレビ番組や私たちの心に郷愁とともに存在していますが、現実はすっかり変わってしまいました。

平成のはじめには、世帯の約４割は三世代家族でしたが、今では三世代家族は少数派です。母親も外で働き、父親も家事や育児に参加するのは当たり前、という雰囲気になりつつあります。

今の親たちの多くは変化の当事者でもあり、現実と折り合いをつけているように見えます。

私は、親が今を生きることこそ、子育てにとって最も重要なスタートであり土台だと思っているので、この変化をとても好ましく思っています。

でも、令和になってからも、昭和の子育ての方法やしつけに対する考え方をそのまま受け継いでいて、現実に直面し苦しんでいる親子もたくさんいるようです。

私たちは子育ての大きな転換点、岐路に立っています。

ＰＣＩＴは、現代の親たちの足元を照らすものだと思っています。

ＰＣＩＴは親子の治療法

ＰＣＩＴは遊戯療法（プレイセラピー）と行動療法に基づいた心理療法です。親子の相互交流を深め、その質を高めることによって、子どもの心や行動の問題、育児に悩む親（養育者）に対し、改善するように働きかけます。

「心理療法」というと身構える方もいるかもしれませんね。確かに本来は治療なので、問題行動が激しい子どもと、その子どもに対処できないと苦しむ親が対象ですが、その内容は特定の疾患に対応したものではなく、子育て全般にとても役立つものなのです。

ですからこの本は、ＰＣＩＴの中にちりばめられた、親が子どもにあたたかみをもってしっかり反応し、社会のルールを身につけさせるというスキルを、みなさんとシェアすることを目的にしています。

今、世界に心理療法は２００以上あるといわれていますが、小さな子どもとその親（養育者）が一緒に受けられる治療は実はそれほどたくさんはありません。

ＰＣＩＴの一番大きな特徴は親子が一緒に治療を受けることです。治療の大半は、プレイルームで行われます。

２つ目の特徴は、プレイルームにいる親は〝イヤホン〟を装着し、子どもと遊びながら観察室にいるセラピストから直接コーチングを受けることです。

３つ目の特徴は、セラピストが親子の変化を具体的に評価し、追跡していくことです。セラピストが感じた印象で評価するのではなく、親子が遊んでいるときに、チェックすべき行動の数をカウントして客観的に評価します。

４つ目の特徴は、親がセラピストのコーチングのもとにしっかりスキルを身につけるの

を確認してから先に進むことです。この４つの特徴はとてもシンプルですが、親子は不思議なくらいどんどん変わっていきます。

ＰＣＩＴは、親子にクリニックまで来てもらって直接対面で行う形が基本ですが、アメリカではセラピストが家庭訪問で行うこともあり、ＰＣＩＴルームを装備したバスを自分で運転して訪問する元気なセラピストもいます。

また、近年アメリカでは家庭とクリニックをインターネットで結んだ遠隔セッションも頻繁に実施されるようになりました。事前の準備を入念にしておけば、スマートホンとワイヤレスイヤホンで比較的簡単に実施できます。

日本でもコロナウィルスの大流行以降、インターネットＰＣＩＴの実施数が急に増えてきました。将来的にも有望な取り組みだと思います。

「リーダーシップ」がある子育てを目指そう

「ペアレンティング」という言葉をご存じでしょうか。

「ペアレント」とは英語で、名詞では「親」、そして動詞では「養育する」という意味になります。「ペアレンティング・スタイル」はそのまま訳すと「養育様式」という意味になりますが、なんとなくしかつめらしい響きがあるためでしょうか、そのまま「ペアレンティング・スタイル」として使われていることが多いようです。

ＰＣＩＴで目指すペアレンティング・スタイルは、「オーソリテイティブ・ペアレント」（authoritative parent）といいます。

英語のauthoritative（権威的）は、アカデミックな権威ある組織（authoritative organization）や信頼できる情報（authoritative information）をいうときに用いられる言葉で、authoritativeには威厳があるというニュアンスが含まれます。

私はこれを、悩みに悩んで、元の英語そのままに「権威的な親」と訳しましたが、いつもかっこ付きで（リーダーシップがある親）と付け加えています。

リーダーシップを親子の間でいうことは、日本ではあまりないかもしれません。しかし、親と思春期前の子どもでは、能力的に親は子どもよりも上であり、立場も上です。「友だち親子」「仲良し親子」も、実は立場としては対等ではなく、親は子どもを守り、引っ張る立場にあります。

子どもを尊重しながら親がリーダーシップをとり、子どもが社会で生活していくために必要な基本的スキルを教えることで、ヒナがやがて大空を自由にはばたくように、子どもは家族という単位を越えて広い世界で飛び回ることができるようになります。

4つのペアレンティング・スタイル

PCITのペアレンティング・スタイルの概念はアメリカの発達心理学者ダイアナ・バウムリンドが1960年代に提唱したものをもとにしています。

まず、子どもに対する親のあたたかみ（反応性）を縦軸に、親の子どもに対するしつけ（要求や制限）を横軸に、ペアレンティング・スタイルをおおよそ4つの領域に分類します。

そして領域ごとに子どもが将来的にどのような行動や対人関係の特徴を示す傾向があるのかを見ていくのです。

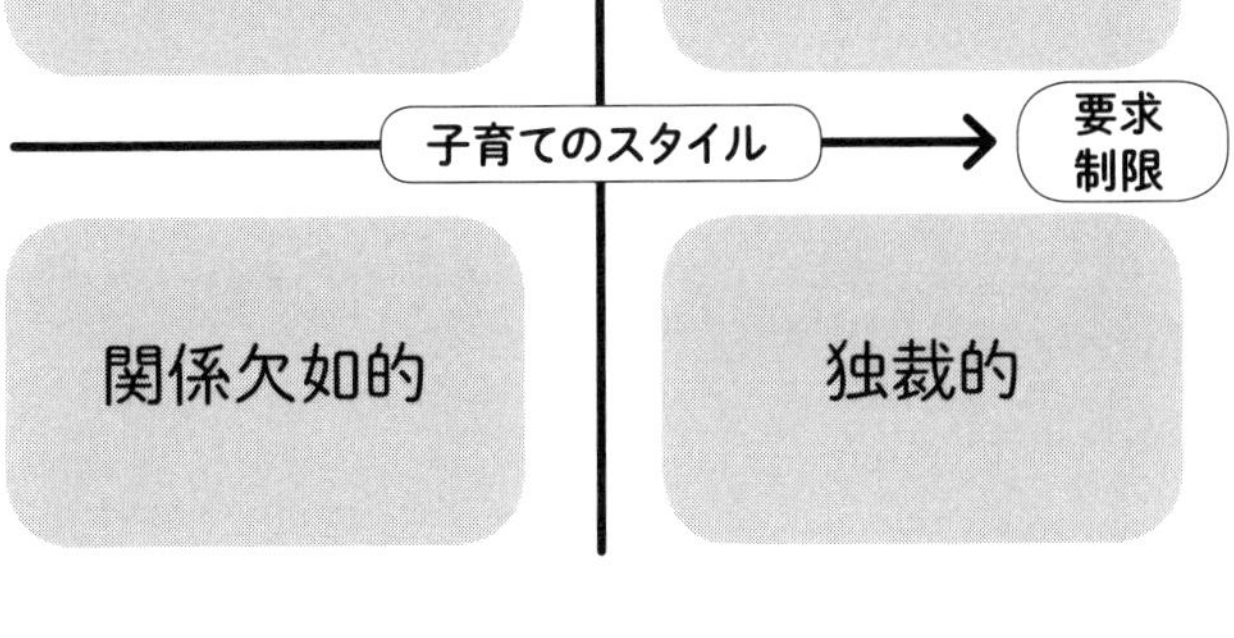

①許容的な親

「許容的な親」と聞くと、やさしくて良い親、というイメージが湧いてくるかもしれませんが、どうでしょうか。

許容的な親は子どもにやさしく、寛容な態度であたたかみのある関わりをします。一方で子どもの行動を制限することが苦手という特徴があります。

せっかくルールをつくっても一貫性をもってそのルールを守らせることは少なく、つまり子どものルール違反をつい許してしまったりするので、子どもは社会の中で暮らすためのスキルを身につける機会を逃しがちです。日本の「甘やかし」に一番近い概念かなと思います。

子どもは小さいころは一見生き生きとして活発に育ちますが、年齢が上がるにつれ自己中心的な行動が増え、我慢をしたり集団生活で協調的な態度をとることが苦手になる傾向があります。成長後は、自分とは違う考え方を受け入れにくい、他者と協力し合って課題に立ち向かわなくてはいけない場面で適切な行動がとれず関係がつくりにくい、等が心配されます。

Permissive

許容的

親の特徴

・あたたかみがある
・ルールは少ない／ない
・寛大
・甘やかし

子どもの将来

・反抗的／挑戦的になりやすい
・継続性に欠ける
・自己中心的
・社会的スキルが乏しい

②関係欠如的な親

子どもに対してあたたかみが少なく責任感に乏しく、これといった要求もしなければ、関与することもしません。食事や安全の面ではある程度子どもをカバーできていたとしても、感情や行動の面では親は子どもを十分に世話しているとはいえません。心の育児放棄（ネグレクト）といってもいいような状態です。

心のネグレクトの状態にあると、子どもは感情コントロールの方法や人間関係のつくり方、ひいては社会的ルールを親から学ぶことができず、自分を保護するスキルを身につけることができないままに成長します。そして、成長の過程のどこかで、学校や社会という全体がわかりにくい、大きな象のような、あるいはお化けのようなものを、自分の手でじかに触って確かめることになります。しかも、果敢に向かっていっても、自分を守るスキルをもっていないことから、しばしば踏みつぶされてしまいます。

その苦闘により混乱した状態のまま大人になり、さまざまなトラブルを起こしたり、トラブルに巻き込まれたりしやすい傾向があります。

Neglectful

関係欠如的

親の特徴

・無責任／冷たい
・規則がない
・関与しない
・無関心

子どもの将来

・衝動的な振る舞い
・感情のコントロールが難しい
・対人関係の混乱
・自傷行為

③独裁的な親

子どもに対する要求や制限が強く、あたたかみは少ないタイプです。子どもの希望には応えず、ルール遵守には厳しく、時には親への絶対服従を求めます。親から子どもに合わせることは少なく、自分の考えだけでものごとを判断するので、知らず知らずのうちに間違った、過剰な、あるいはゆがんだ判断を子どもに押し付けている場合もあります。

周囲からは「しつけに厳しい親」「教育熱心な親」というふうに見えるかもしれません。

独裁的な親のもとに育つと、子どもはしばしば不安が強まり、フラストレーションに耐える力が乏しくなります。また、子どもは自尊心が低くなる傾向があり、引きこもりがちになることも少なくありません。

一時的に学校で良い成績を上げることがある子どももいますが、多くは長続きしません。

Authoritarian

独裁的

親の特徴

・あたたかみがない
・子どもの希望に応えない
・ルールが厳しい
・子どもへの要求が高い
・親に絶対服従を求める

子どもの将来

・不安を感じやすい
・自尊心が低い
・人とのコミュニケーションに自信がもてない
・他人と関係が結べない

④権威的な（リーダーシップがある）親

あたたかみがあり、子どもの年齢や発達に見合った、適切な要求や制限をする親です。

親として子どもにリーダーシップを発揮し、家庭内でのルールが明快なために、子どもも納得して言うことを聞くことができます。子どもを一人の人間として尊重しながら子どもの選択を応援し、一方で社会を生きるうえで必要なルールを教えています。

子どもは親を信頼し、自己肯定感や社会的スキルを育みながら成長します。学校や社会ではものおじすることなく積極的に勉強やさまざまな活動に取り組み、周囲の人たちと良い人間関係をつくることができます。

ＰＣＩＴのプログラムで目指す親の姿は、あたたかみがありながら、子どもにとって頼りになる存在であり、わかりやすく、一貫性をもったしつけができるこの④の権威的な親です。④の親は子どもの良いお手本としての役割も果たしています。

Authoritative

権威的（リーダーシップがある・信頼性がある）

親の特徴

・ルールが明快
・子どもへの期待が高い
・支援的
・個の尊重
・あたたかみと責任感のある態度

子どもの将来

・自尊心が高い
・感情のコントロールにたけている
・対人関係のスキルに優れている
・社会的スキルが高い

国民的アニメのペアレンティング・スタイル

このシンプルな4つのペアレンティング・スタイルはアメリカに限った分類ではなく、万国共通と言っていいものではないかと思います。どのような国にも4タイプの親が存在しています。ただし、国や時代で社会の受け止め方に多少違いがあるように思います。アニメの中の親たちを例にあげて考えてみましょう。

日本の場合は、許容的な母親を「やさしい、なんでも許してくれるお母さん」として好む傾向があると思います。その証拠に、日本の家族アニメに登場する母親のほとんどが許容タイプの要素をもっています。

たとえば『ドラえもん』ののび太のママは、しつけに対して一貫した方法をとっておらず、のび太が言うことを聞かなくても叱ったり、説教したりするだけで、そのまま放置しがちです。そのため、のび太の「宿題をしない」「提出物を忘れる」といった行動はずっとそのままになっており、のび太は自分の失敗に絶えず傷つきながらも、なかなかその悪循環の中から抜け出すことができません。

ちなみにドラえもんにも親役割がありますが、それもまた許容的です。そこから繰り出される七転び八起き的なドラマはほのぼのと楽しく、時折見られるのび太の成長には視聴者も励まされますが、もしかしたらのび太がなかなか大人にならない、つまりドラマが終了しない理由の一つがそこにあるのかもしれません。そうそう、スネ夫のママは極端な許容型といえそうです。

のび太のママと同じタイプが『クレヨンしんちゃん』のママ（みさえ）や、『ちびまる子ちゃん』のお母さんです。みさえもまる子のお母さんも、悪さをするしんちゃんやまる子に注意し、時に怒鳴りますが、いつも最後はため息をつきながら子どもたちの言い分をなんとなく優先してしまいます。

のび太、しんちゃん、まる子との生活は笑いあり涙ありで、それはそれは楽しいだろうと思います。だからこそ長年私たちを惹きつけてやまないのですが、親としてのび太やしんちゃんを教育するのは、うーん、かなり大変だと思いませんか？

『サザエさん』の磯野家の母親フネさんは、のび太の母親よりも権威のある親タイプに近づきます。しかし、子どもを強く叱るべきだと感じたときには、自分ではなく、「お父さん、言ってやってくださいよ」と夫の波平にそれをさせようとします。

磯野家のように、父親が子どもを叱る役割を担うという子育てのうえでの性的役割分担も、日本の子育ての特徴です。

サザエさんはおっちょこちょいですが、子育てではフネさんより権威のある親に近いかもしれません。タラちゃんに何かを指示するときに怒鳴ることもほとんどなく、タラちゃんは大人の言うことを注意深く聞くことができています。

かつて大流行した野球マンガ『巨人の星』の星一家の父親は、典型的な独裁タイプでした。今の若い親世代は『巨人の星』を知らないかもしれませんが、私と同世代、つまり今の親世代の祖父母の心にスポーツ根性ドラマとして深く刻まれたマンガです。

主人公の星飛雄馬《ひゅうま》は父子家庭に育つ少年で、父親星一徹は野球の英才教育に熱中し、「大リーグボール養成ギプス」（肉体に負荷を与える道具）をはじめ過酷な苦しみを子どもに与えました。飛雄馬にとって母親代わりの姉も父親の暴走を止めることはできず、柱の陰で泣いてばかりいます。飛雄馬は父親に複雑な感情を抱いていましたが、成長したのち、自分を優秀なピッチャーに育ててくれた父親に感謝の念を抱くようになり、自分の体に鞭打って次々と魔球を生み出していきます。

このように独裁タイプの親の理不尽なまでの厳しさを「これも親としての愛情」と受け止め、肯定し、自分の中にその姿を取り込んでいく傾向はこれまでの日本によく見られたパターンでした。

しかし、『巨人の星』のラストシーンは壮絶です。飛雄馬はパーフェクトゲームを達成するも、ついに燃え尽き、マウンドに倒れ込んでしまうのです。『巨人の星』は昭和の高度経済成長期のマンガで、栄光と破滅が必然の表裏というメッセージは子育てを越えたところにある一つの時代を象徴するものだったのかもしれません。『あしたのジョー』にも同じような空気が流れています。

現実の子育てに戻れば、栄光と破滅が表裏一体となるような、子どもへのいわば崖っぷちの英才教育を施す親は確かにまれですが、一徹ほどではないにせよ、子どもに標準以上の成功を期待してひとかどの大人になってほしい、あるいは他人に迷惑をかけない大人でなければならないという目的から、独裁的になる親は現代にも多数存在します。

『ドラえもん』のジャイアンのお母さんは一見ユーモラスですが、このタイプに近いかもしれません。ジャイアンののび太いじめが止まらないのは、お母さんが良かれと思って放っているジャイアンへの鉄拳が影響しているのではないでしょうか。ジブリ映画『おもひでぽろぽろ』のタエ子のお父さんはこのタイプの典型だと思います。

鉄拳の話が出ましたので、少し深刻な話もさせてください。

最近、虐待で子どもが死亡したり大けがを負ってしまう痛ましい事件の報道が続いています。独裁的な親の厳しいしつけはしばしば行きすぎてしまい、子どもへの過剰なコントロールやより激しい体罰を生み出すおそれがあります。逮捕された親は、子どもへの虐待の理由としてよく「しつけのつもりだった」と言います。言い訳の部分もあるでしょうが、まったくの嘘を言っているわけでもないでしょう。

子どもに「なんだかんだ言わないですぐに言うことを聞いてほしい、そうすればうまくいくのに、なんでしないの」という思いが強い親は、命令の即効性を期待します。そして痛くて怖い体罰には、立場が圧倒的に不利な子どもには極めて即効性があるのです。

しかし、即効性のある命令はよほど気をつけて使わないと乱用や依存を生み出します。つまり、エスカレートしやすく回数も増加しやすいのです。最初は心を鬼にして叩いていたのが、次第に「うまくいくから叩く」に変わっていきます。そして「良いことが早くできるから」と、悪いことをしている意識がなくなります。

体罰で子どもがすぐ言うことを聞いたとしても、それは怖いから痛いからであって、その命令を心から納得しているわけではありません。子どもは親に反抗しながらも表面では従う「面従腹背」や、逆に自分でものを考える意欲もなくなり、言われた通りにするだけの「盲従」の状態に陥ります。積み重なっていくストレスが、友達やきょうだいへのいじめ等、加害行動につながっていくこともあります。

ペアレンティング・スタイルの「関係欠如的な親」は、アニメやドラマにはあまり登場してきません。なぜなら関係欠如的ですから、主人公の子どもと積極的に接しようとしないので、出番が少なくて当然ですよね。それでも、時々ちらっと物語にその姿が見えることもあります。たとえば映画『ハウルの動く城』の主人公の一人で、魔女の呪いでおばあさんになってしまう少女ソフィーのお母さん（原作では継母）はその傾向があると思います。

日本のアニメにも権威的な（リーダーシップがある）親がいないわけではありません。『ドラえもん』では、しずかちゃんの母親が該当するように思われます。映画『魔女の宅急便』のはじめの部分に登場し、自ら旅立ちを決めた主人公を応援する両親、『となりのトトロ』のサツキとメイのお父さん、『風の谷のナウシカ』のナウシカのお父さんには権威的な親の要素が見て取れます。また、『天空の城ラピュタ』の空賊頭ドーラはアクが強いですが、やはりこのタイプに近いのではないでしょうか。でも、空賊のリーダーという役割もあるせいか、ちょっと乱暴なところもありますね。

私が子育てに奮闘していたころに子どもとよく見ていたマンガやアニメから例をあげたので、今のお父さんやお母さんにはちょっと古いモデルだったかもしれません。最近のアニメがどうなっているのか気になるところではあります。

ＰＣＩＴは2～7歳の子育てに最適

ＰＣＩＴはどんな親子にも役立ちますが、かなり向いている親子と、ほかの方法についても考えてみたほうがいい親子があります。

2歳から7歳の子どもはＰＣＩＴをターゲットに研究されてきました。ＰＣＩＴの適齢期です。ＰＣＩＴの治療は主にこの年代をターゲットに研究されてきました。2歳という基準は、言葉がある程度理解できる年齢というところから来ています。言葉を発していなくても、親の言葉がある程度理解できていれば導入できます。子どもの言葉数を増やす効果があるスキルも含まれているので、おしゃべりをはじめるのが遅い子どもにもおすすめできます。

子どもの発達障害の有無は問いません。ＤＶ（ドメスティック・バイオレンス）や虐待など、発達の過程でトラウマや大きなストレスを経験した子どもも取り組めます。ＰＣＩＴは「かんしゃくを起こす」「言うことを聞かない」といった具体的な困りごとを解決することが目標であり、その原因や背景にしばられるものではないからです。

8歳以上の年齢になると「親子で一緒に玩具で遊ぶ」というプレイセラピー自体、取り組みにくくなってくることがあります。クリニックでは親子でのコーチングが難しい場合、親のみにペアレント・トレーニングを行います。もし子どもにトラウマ症状がある場合などは、トラウマに焦点を合わせた心理療法を行い、親がそれを支援するなどの方法をとります。しかし、子どももＰＣＩＴを受け入れる場合などでは、12歳くらいまで効果があります。

また、２歳以下の小さい子どもには発達年齢に見合った工夫が必要になることから、最近、12～24か月の幼児を対象としたＰＣＩＴ‐トドラー（Toddler）というプログラムも開発されました。今後、きっとその成果の報告が増えることでしょう。

うつ状態の親もＤＶ被害者の親もＰＣＩＴで育児を改善

子どもに明らかな問題行動がなくても、子どもとどう付き合ったら良いかわからない親や、イライラしてつい手が出てしまうといった親も、ＰＣＩＴから得るものが大きいことがわかっています。また、里親と子ども、祖父母と子どもとの間でＰＣＩＴを実施することもあります。うつ状態の親では、ＰＣＩＴによってうつ状態が改善する傾向にあることも報告されています。

ＤＶ被害者の親と子どもの治療に取り組む中でＰＣＩＴを知ったという経緯もあり、私はＤＶ被害者でうつ病や心的外傷後ストレス障害（ＰＴＳＤ）等を抱えている母親と発達障害のある子どもといった、複数の深刻な悩みを抱えた親子にもＰＣＩＴを積極的に実施してきました。

日本で行った子どもに顕著な問題行動があるＤＶ被害母子に対するＰＣＩＴの効果研究では、８組の親子のうち６組がＰＣＩＴを完遂し、子どもの問題行動が明らかに改善しました。また、母親のうつやＰＴＳＤ症状などにも改善傾向が認められています。

虐待の再発予防に取り組む親子では、親自身が幼いころ虐待や不適切な養育を経験している場合も少なくありませんでした。ＰＣＩＴは心の傷に直接切り込む治療ではありませんが、このような深刻な状態にある親子が遊びによる相互交流によって回復の糸口をつかんでいく様子に、私は何度も感動させられました。

発達障害の子もＰＣＩＴで変わる

日本でも子どもの注意欠如・多動症（ＡＤＨＤ）、自閉スペクトラム症（ＡＳＤ）、学習障害（ＬＤ）などの発達障害は広く知られるようになり、現在では就学前に診断を受けて療育センターに通う子どもも増えました。

ＰＣＩＴは、ＡＤＨＤとＡＳＤの両方に効果的に働き、子どもの行動の問題を減らし、親のストレスを下げるというエビデンスがあります。

かつて破壊的行動障害と診断されたタイプの子どもたちは、現在はＡＤＨＤやＡＳＤとして治療を受けるようになっています。

ＰＣＩＴはもともと問題行動が深刻化した破壊的行動障害の子どもに対応する治療として効果を発揮してきたので、新しい流れに沿った研究で改めてＰＣＩＴの効果が確認された、ということでしょう。

専門家は特定の治療の効果について検討するときに「効果量」という概念を使い

ます。ＰＣＩＴは神経刺激薬に匹敵するか、それを超える効果量を示してきました（グラフ参照）。近年では薬物療法とＰＣＩＴの効果の比較検討研究まで行われるようになっています。

ＡＳＤの子どものいる家族に対するＰＣＩＴもまた、今まさにホットな話題です。２０１９年に発表されたアメリカの研究では、ＡＳＤのある子どもと親に対するＰＣＩＴは、ＡＳＤのない子どもと親へのＰＣＩＴと比べて効果に遜色がないことが明らかにされました。

日本でもＰＣＩＴを行うクリニックにＡＳＤやＡＤＨＤの子どものいる家族が来て下さるようになりましたが、効果に喜んでいただける家族が多く、ほっとしているところです。

ただ、子どもの特性によって少し工夫

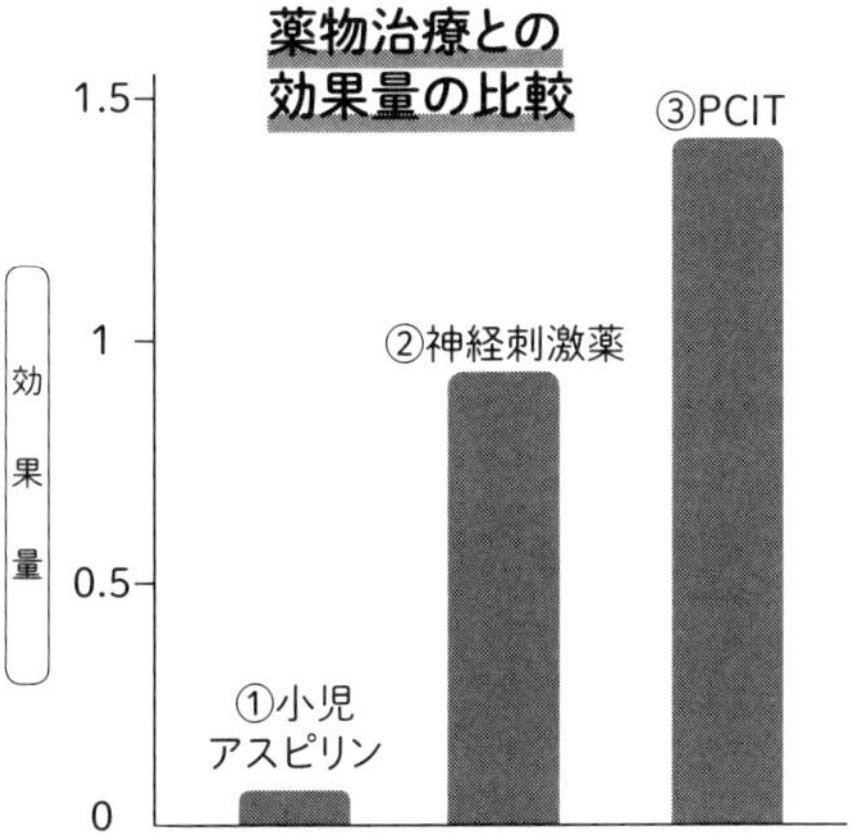

出典 ① Rothenthal. et. al. 1990
② connor. et. al. 2002
③ Schuhmonn. et. al. 1998

が必要になることもありますので、もし、この本を読んで取り組んでもうまくいかないと感じたら、専門家のもとで治療としてのＰＣＩＴに取り組んでいただくのがよいでしょう。

仲良くなるとしつけが楽になる・うまくいく

ＰＣＩＴには「子ども指向相互交流：ＣＤＩ」と「親指向相互交流：ＰＤＩ」の２つの段階があります。

ＰＣＩＴでは、前半のＣＤＩ（Child-Directed Interaction）は子どもリード（主導）で遊びながら親子の関係を改善・強化し、親のスキルが一定のレベルに到達（マステリー）したら後半のＰＤＩ（Parent-Directed Interaction）に進みます。

ＰＤＩでは親は効果的な命令の８つのルールを学んだうえで、親リードで遊びながら、親子で子どもが親の言うことを聞く練習をします。

親がＣＤＩとＰＤＩのスキルをマステリーし、子どもの問題行動が減り、親がこれなら自分でやっていけると自信をつけるとＰＣＩＴは無事修了を迎えます。

ＣＤＩもＰＤＩも、最初に親がスキルを学ぶティーチセッションがあり、その後、親子でコーチを受けるコーチセッションが続く、という流れになっています。

各スキルについては第３、４章で詳しくご紹介します。

さて、説明だけでは、イメージしにくいところもあるかと思います。実際にＰＣＩＴを体験した親の体験談をご紹介しましょう。

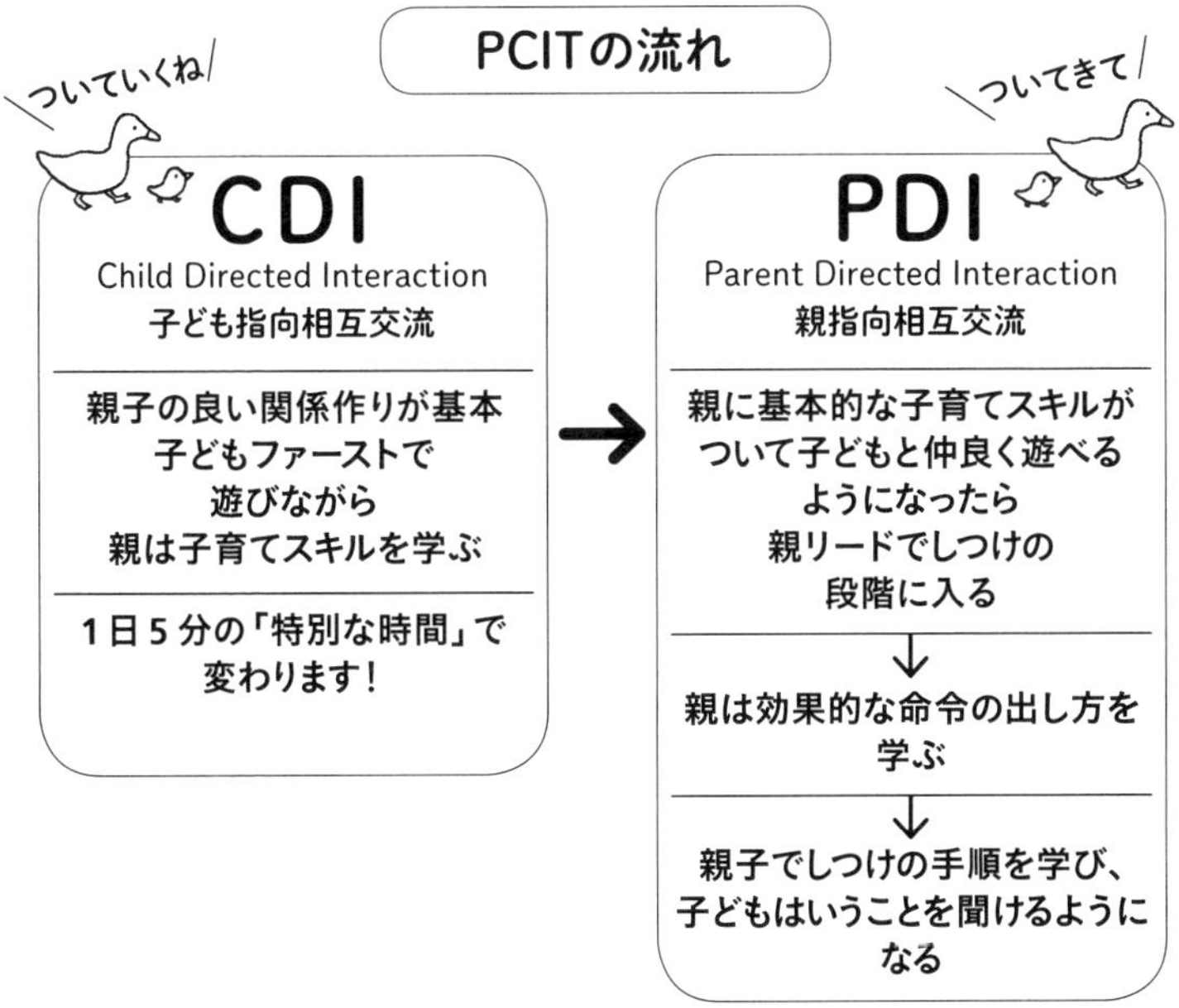

PCITの流れ
ついていくね
CDI
Child Directed Interaction
子ども指向相互交流
親子の良い関係作りが基本
子どもファーストで
遊びながら
親は子育てスキルを学ぶ
1日5分の「特別な時間」で
変わります！
ついてきて
PDI
Parent Directed Interaction
親指向相互交流
親に基本的な子育てスキルが
ついて子どもと仲良く遊べる
ようになったら
親リードでしつけの
段階に入る
親は効果的な命令の出し方を
学ぶ
親子でしつけの手順を学び、
子どもはいうことを聞けるように
なる

私が体験したPCIT①

9歳でも大きな効果が

神奈川県　小4男子の母

家庭崩壊寸前だった我が家

ＰＣＩＴのセラピーを始めて3週間ぐらいして、子どもに何かを頼んで、さらっと「わかった」と言われたときは、思わず耳を疑いました。そんな言葉をうちの子の口から聞いたことがほとんどなかったからです。

一時期の我が家は家庭崩壊寸前でした。

子どもはずっとイライラしていて、朝起きたらすぐに「朝ご飯いらない」「学校行きたくない」と泣いたり、わめいたり。学校に電話をかけて、嫌がる子どもを学校に引っ張っていってから仕事に行くので職場にも申し訳なく思いましたが、職場のほうが気が楽でした。家に帰ると子どもは不機嫌そうにしていて、何か言えば無視されるか、「無理」「イヤだ」と言うだけで、会話になりません。

夫との関係は私よりも良かったのですが、夫が予定よりも少し遅く帰宅すると「どうして遅いんだよ!」と大騒ぎして当たり散らします。そんな子どもとの生活にストレスがたまり「お母さんを辞めたい」と子どもに言ったことさえあります。

うちの子がイライラしていたのは、自閉スペクトラム症や年齢的なものが重なっていたためのようです。自閉スペクトラム症は、低学年では気づくことができず、3年生のときに夜尿症専門の小児科の先生の診断で明らかになりました。夜尿症も、自閉スペクトラム症と同じように、脳からの信号がうまく届いていないのが原因だったのです。

言葉で気持ちを表現するのが苦手で、空気が読めない子なので、3年、4年と学年が上がるうちにほかの子たちとの差が目立つようになり、ストレスがたまってイライラが強くなってきたのでしょう。そうとわかっても、私のほうで何をどうしたら子どもと仲良くできるのか、まったくわかりませんでした。

小児科の先生に「少しお子さんと離れて生活してみたらどうですか」とすすめられ、1か月ほど別に生活したこともあるのですが、一緒に暮らせばいつの間にか元に戻ってしまいました。でも、その先生は「あきらめないで」と、PCITをすすめてくれたのです。

一人では無理でも、夫との協働で

PCITのセラピーには夫も同行しました。私が先生の指導のもとで「特別な時間」のトレーニングをしている様子を見て、どういう声かけをすればいいかを一緒に勉強しました。

でも、子どもは「特別な時間」を嫌がって、先生の目の前で部屋から飛び出したほどでした。とても自宅でできるとは思えませんでしたが、一応やってみたところ、「そんなのイヤだ」「その話し方、気持ち悪い」と拒絶され、1週目は無理でした。

2回目のセラピーで、夫がいる時間にやることをすすめられました。

それで夫の目の前で、自分一人で自分の遊びを実況中継していたら、子どもがちょっかいを出してくるようになりました。夫は私たちの様子を見ていて、私が何も言えないときには先生が言うようなアドバイスを紙に書いて渡してくれました。

それと並行して、家族の会話にＣＤＩのスキルを取り入れました。

たとえば、夫が洗濯物を片付けてくれたら、それまでは「洗濯物、ありがとう」でしたが、「仕事で疲れているのに洗濯物に気づいて取り込んでくれて、きれいにたたんで片付けてくれたのね。本当にありがとう。これで明日箪笥から洗ったばかりのものを簡単に取ることができるわ」まで言います。

夫も同じように、私をほめることを頑張りました。私が食事中にコップに水を入れて渡したら、「ちょうど今、水が飲みたいと思っていたんだ。お母さんは家族のことをいつもよく見ているから、気持ちがわかるんだね。どうもありがとう」。

当時子どもは何かを手伝ってくれることはなかったのですが、よく観察していると、ほめるべきことがゼロではありませんでした。

靴下を洗濯物の籠の中に入れたら、「靴下を床に置いておかないで、洗濯物の籠の中にちゃんと入れてくれたのね。助かるわ。ありがとう」。

ちょっと笑顔になったら、「その笑顔とってもすてき。あなたの笑顔を見ると、お母さんは本当にうれしいの」といったように細かいことをほめられるようになってきました。

3週目ぐらいから子どもに「無理」「できない」といった言葉が少なくなり、親にほめられるような行動を自分からやるようになってきました。そうなると、うれしくてうれしくて、子どもを心からほめる場面がどんどん増えました。

心は言葉のあとからで大丈夫

セラピー開始から約5か月経った現在、うちの子はとても気が利く、女性に親切な、小さなジェントルマンになりました。帰宅した私が買い物の荷物を持って玄関前にいるのを家の中から確認すると、迎えに出てきて荷物を運んでくれるなど、何も言わなくても私を手伝ってくれます。

朝、学校に行きたくないと言うこともなくなりました。夏休み前に「本人が普通学級に通うことに困難を感じているのなら、特別学級のほうがいいかもしれない」と担任の先生や校長先生と話し合っていたのですが、ＰＣＩＴの効果が出てきたら、学校に行くのもだんだんできるようになり、現在は楽しそうに通っているので、「本人が別に困っていないなら」と、その話はなくなりました。

なぜか夜尿症も治っています。タイミングがたまたま重なっただけかもしれませんが、何か関係があるのかもしれないと思っています。

空気を読んでバランスを取ることはやはり苦手です。それでも、事前に詳しく説明しておくと、落ち着いていられるようになってきています。PCITを始めるときに困っていたことは全部解決できたので、担当の先生に「もう大丈夫です」と言われ、うちはCDIだけで終了しました。

もしPCITをやる前の私のように、子どもと一緒にいるのが苦痛なほど育児に悩んでいる方は、はじめのうち「特別な時間」は全然楽しくないと思います。私もはじめのうちは行動の説明のスキルやほめるスキルも棒読みで、上手にできたとは思いません。

でも、「これが、こうだから、いいね」という説明ができると、心のこもった言葉でなくても子どもは納得してくれたようです。言葉が先で、心はあとからでも大丈夫。ぜひPCITをやってみてください。

ＰＣＩＴと「アタッチメント理論」

――ＣＤＩで築き直す安全基地

ＰＣＩＴは遊びながら良好な関係を構築したうえで子どもを治療するプレイセラピーと、行動療法をベースに子どもの行動を改善するペアレント・トレーニングの良いところを柔軟に取り入れたものです。その効果を支える理論として重要なものに、ボウルビィらのアタッチメント理論、スキナーの行動科学、そしてバンデューラの社会的学習理論などがあります。

ＰＣＩＴの理解を深めるために少しふれておきます。とても有名な概念で、その他の子育ての話にもよく出てくるので、どこかで耳や目にしたことがあるかもしれません。

ＰＣＩＴで特に前半のＣＤＩの基礎をなしている理論の一つが、ジョン・ボウルビィ（１９０７〜１９９０年）に始まる「アタッチメント理論」です。日本では

「愛着理論」とも呼ばれますが、「愛」という言葉が入るととらえ方がややこしくなってしまうので、ここでは「アタッチメント理論」で通します。なぜなら、アタッチメント（Attachment）という英語に愛の意味は含まれていないからです。

ボウルビィの言うアタッチメントとは、乳児が親に抱きついたり、あとを追いかけたりして身体的な接触を取ろうとする行動と、泣いたり笑ったりして親の関心を引き寄せる行動のことを意味します。アタッチメントとは親と子が愛情深く寄り添うことを連想している親は少なくありませんから、「あれ、そうだったの？」と意外に思うかもしれません。

ボウルビィは乳児期に子どもが「アタッチメント行動」に反応してもらえるか、そうでないかが子どもの精神面に大きな影響を与えると考えました。「アタッチメント行動」とは本能的なもので、赤ん坊は親を親として認識する前からアタッチメント行動によって自分を危険から守っているとしています。

アタッチメント理論を打ち立てるにあたって、ボウルビィはコンラート・ローレンツの動物行動学を参考にしています。ローレンツは、ある種の鳥では卵からかえったひな鳥が最初に見た動くもの（種によっては音を出すもの）を、親だと思い込んでしまう「刷り込み＝インプリンティング」を発見した人として知られています。「刷り込み」を発見したきっかけは、ローレンツの目の前で孵《ふ》化《か》したガチョウのひなが、ガチョウの親についていかないで、ローレンツについてきたことでした。エサをもらうなどの経験をもとに人間を親とみなすわけではなく、一定の刺激を受けると刷り込まれたように必ずついていってしまうのです。

ボウルビィはアタッチメント行動の対象となる大人（母親であることが多い）が存在し、乳児のアタッチメント行動に適切に反応し、交流してもらえることが、乳児の発達にとても重要であるとしました。親に対して乳児がアタッチメント行動を繰り返し、それに対して親から適切な反応が返ってくるうちに、「何かあったら親にしがみつけば大丈夫」「困ったときには親に向かって泣けば来てくれる」という信頼や安心感を乳児は次第に身につけます。

ボウルビィの理論に最初に実証性を与えたのはメアリ・エインズワースという女性研究者でした。エインズワースは夫の留学で訪れたロンドンで偶然ボウルビィの研究と出会い、4年間共同研究に携わったのち、夫とともに移住したアフリカのウガンダで1954年から55年にかけてガンダ族の乳児28人の行動観察と母親の面接調査を行いました。

このウガンダでの詳細な行動観察から、乳児は初期には他者と母親とを区別できないが、生後半年ごろになると母親を明らかに好むようになり、次第に強い結びつきができていくことがわかりました。そしてそのときのアタッチメント行動のサインは、乳児が苦痛を感じたり警戒したりしたときに母親のもとへと逃げ込むこと、母親を探索行動の際の「安全基地」として用いること、母親との再結合を求めて積極的に母親に接近することであり、一方で少数の乳児はこのサインを出していないことも発見したのです。

エインズワースは、重要なのは世話の量というより、むしろ質であること、乳児のアタッチメントの安定性（必ず反応があること）と、母親が授乳を楽しんでいることとの間に関係があることも発見しました。エインズワースはその後アメリカに移り、アメリカ中産階級の家庭の乳児を対象としてさらなる研究に取り組み、有名なアタッチメント行動の類型化を行ったのです。

子どもは、少し大きくなって自分で動けるようになると、あちこち移動して興味のあるものを手に取ったり、舐めたりといった探索行動を行いますが、親という安全基地が存在することでその探索行動はより活発になり、五感の刺激を受けながら知覚や身体的機能を発達させることができます。

逆に、安全基地となる人がいなかったり不確かであったり、逆に危険であったりすると、子どもは探索に集中できず、発達にも影響が出てくると考えられています。赤ちゃんのアタッチメント行動には、大きく分けて安定型と不安定型があるといわれています。

安定型の赤ちゃんの行動は探索活動に積極的で、親を揺るぎのない安全基地としてとらえ、親と引き離すときに不安そうな症状を見せます。逆に親に再会したときには喜び、不安が取り除かれたら、また探索活動を始めます。

一方、不安定型の赤ちゃんは、そのような行動をいつもとるわけではありません。特に無秩序型と名付けられた赤ちゃんは、探索活動でも、親との再会でも特定のパターンがなく、親を避けるような行動をとったかと思えば親に近づいたりして予測不能であり、親を安全な避難所とみなしているようでいて、同時に危険の源としても体験していることがわかりました。

また、安定型の赤ちゃんの親は子どものアタッチメント行動に敏感に反応し、我が子が悲しんでいたり、困っていたりすると、その原因を取り除こうとします。それに対し、無秩序型の赤ちゃんの親は子どもの目線やコミュニケーションを無視したり、無関係な反応をしたり、あるいは笑いながら脅かすなど、矛盾した行動が多く、怒りや虐待によって子どもを脅すこともしばしばでした。

無秩序型の発見は、その後のアタッチメント研究を子ども虐待の問題にぐっと近づけることになりました。

ＰＣＩＴ、特に前半のＣＤＩには親の安全基地としての機能を高めたり、改善したりする効果があるといわれています。ＣＤＩでは、親は子どもファーストで子どもの感情や行動に敏感に反応しますし、スキルを通して子どもにポジティブな注目を与え、ネガティブな注目を減らします。そうすると子どものフラストレーションが減って、親子の交流はとても穏やかで安全なものになります。

PCITとスキナーの行動科学

――「ほめる」を科学的に考える

「あまりほめてばかりいたら、子どもが舞い上がりすぎたり、図に乗ったりしませんか?」

「謙譲の美徳がなくなるのでは?」

PCITのスキルで「ほめる」は一丁目一番地といっていいほど重要なものですが、講演を聴いてくださった方たちから時々こんなふうに質問されます。

ほめる育児がブームになって久しく、親たちはとても興味をもっていますが、一方で心配もしています。日本では自分や身内はとにかく謙遜するものとの習慣が長くあったことが大きいのでしょう。

バラス・スキナー(1904~1990年)はアメリカの心理学者で、行動分析学の創始者であり、現在の行動療法はスキナーがいなければ存在しなかったといわれるほど影響が大きかったとされています。

行動療法とは、学習理論（行動理論）にのっとって問題とされる行動を変えていく治療のことで、PCITには行動療法の要素がふんだんに取り入れられています。スキナーの理論で特に有名なのがオペラント条件付けを用いた学習理論です。オペラント条件付けとは、報酬（ごほうび）や嫌な刺激（罰）を条件として、自発的にある特定の行動を行うように、あるいは行わないように方向づけることです。

スキナーはこの研究をマウスやハトから始めたということですから、彼もボウルビィと同じように、生き物の戦略の原理や原則が人でどのように引き継がれ、生かされ、そして未来に役立っていくのか、学問として見極めたかったのかもしれません。

行動療法で使われる言葉はちょっと独特です。PCITでも、強化、弱化（罰）、消去、般化《はんか》（138ページ参照）、形成（シェイピング）など、行動療法の概念が要所要所で使われています。

「ほめる」はこの中で、「正の強化子」にあたります。

「正の強化」とは、行動をする人にとって好ましい物事や刺激が行動の結果として示され、それによって、その行動が増える場合に起こる現象のことをいいます。

子どもに対するごほうび（正の強化子）には、大きく分けて実体的なもの（お金、ステッカー、おもちゃ）、社会的なもの（注目、容認、笑顔、ほめる）、活動的なもの（特権または楽しい活動）があります。

言葉で「ほめる」とは、行動科学的には、ほめられるような良い行動の強化子、つまり社会的なごほうび（報酬）です。

子どもがある行動をするとほめられる→うれしくなる→その行動が増える

親のほめ言葉は子どもにとって何よりのごほうびになります。大人が想像するよりもずっと大きなごほうびです。アタッチメント理論の紹介で、子どもは親の注目を強く求めていることにふれましたが、子どもは親が思うよりずっと強く、親の注目を求めています。

ほめられたらうれしくなるのは大人も変わりません。でも、なんでほめられたかわからないと、うれしい気持ちは残っても、何かの行動の強化子になることはありません。ですから、ＰＣＩＴでは子どもを具体的にほめます。

「お母さんの言うことをすぐに聞いてくれてありがとう」

「上手に絵を描いたね」

「妹にやさしくしてくれて、お姉さんになったね」

「とってもきれいにお片付けができました」

具体的にほめることで、親のほめ言葉は行動科学の正の強化子である社会的報酬として機能し、子どもの好ましい行動を増やします。

「具体的にほめる」ということと「持ち上げる」「おだてる」ことの違いがわかっていただけたでしょうか。

適切に用いれば、ほめる育児は十分に効果があります。

また、子どもと大人を比べると、子どものほうがずっと学習理論に近いところでものごとを学んでいます。

人間では成長するに従い、「認知」という概念が入ってきます。認知とはものの考え方、とらえ方のことで、思春期以降の心理療法には特に認知への取り組みが重要になってきます。

ＰＣＩＴとバンデューラの社会的学習理論
―子どもは親の背中と社会を見て育つ

しかし、人間の学習はオペラント条件付けだけでは説明がつきません。

カナダ出身の心理学者アルバート・バンデューラ（１９２５年〜）は、子どもに暴力的な映像を見せる実験で、条件付けではない学習のあり方を証明しました。

バンデューラは幼稚園児を集め、３つのグループに分け、３種類の映像を見せました。１つ目のグループが見た映像では、ボボ人形（大きな起き上がりこぼしのようなソフト人形）をボコボコに殴ったり蹴ったりした人が、報酬をもらいます。２つ目のグループが見た映像では、同じようにボボ人形をボコボコにして、罰を受けました。３つ目のグループは、ボボ人形が殴られたり蹴られたりするだけで、報酬や罰のシーンがない映像を見せられました。

その後、子どもたちをボボ人形とその他の玩具があるプレイルームに招きます。いったいどのような遊び方をするか観察したところ、1つ目と3つ目のグループでは2つ目のグループよりも攻撃的な遊びが目立ちました。その程度はほぼ同じで、報酬の有無は子どもたちの行動に影響していませんでした。

この結果から、子どもは「ごほうび」がなくても、攻撃的な行動を見て学習するということが証明されました。

バンデューラの実験をきっかけに、メディアの中の攻撃的行動が子どもにどう影響するか研究されるようになります。そして、暴力的なシーンの多い映画には年齢制限が設けられるようになりました。


バンデューラの理論は、社会的学習理論と呼ばれます。スキナー由来の学習理論が、学習する人自身の経験を前提としていたのに対し、バンデューラは他者の行動を観察すること（モデリング）によっても学習が成り立つことを実証しました。

子どもにとって、親は学習のモデルです。日本には、子どもは親の背中を見て育つという言葉があります。さらに、メディアを通して広く社会にさらされている子どもたちが、映像に写し出される社会をモデルとして見ていることを忘れてはなりません。

バンデューラは、近年スポーツ心理学などで用いられる「自己効力感」という用語をつくった人でもあります。自己効力感とは、自分の行動を自分でコントロールし、予想通りの結果を出せると信じることをいいます。

ＰＣＩＴでは自己効力感の向上もまた重要です。子どもの自己効力感も上がりますが、親もまた、小さな成功体験を重ねたり、セラピストの励ましの言葉を受けたりすることで、「ＰＣＩＴで親子関係を改善できる」と実感できるようになります。

コラム

PCITの生い立ち

PCITを開発したのはセーラ・アイバーグ先生というアメリカの臨床心理学の教授です。

1970年代、アイバーグ先生が博士論文に取り組んでいたころに遡ります。当時のアメリカでは問題行動を起こす子どもの増加とその対策が重要なテーマになり始めていました。

子どもが激しい問題行動を起こす場合、発達障害や不適切な養育による愛着（アタッチメント）の問題などさまざまな背景を考える必要があります。しかし小さな子どもの診断は容易ではありません。1970年代のアメリカでは子どもの行動そのものに着目し、激しい攻撃性や破壊性のある子どもを「破壊的行動障害」としてとらえ、この子たちの成長過程を追う研究が行われるようになっていました。小さな子どもの問題行動は放っておいても改善するのか、つまり、見守りだけでいいのか、それとも成長後の問題につながるのか、といった研究です。

結果は、3歳の時点で激しい攻撃性や破壊性が認められた場合、放置すると慢性化し、時間の経過とともに悪化し、思春期の非行や暴力犯罪につながるリスクが大きいというものでした。

一方、このころのアメリカでは、子育てのスキルを親が学ぶペアレント・トレーニングの開発と実践への関心もまた高まっていました。

ペアレント・トレーニングの多くは、親が子育てに行動療法のスキルを取り入れることで、子どもの問題行動を改善させようとするものです。それ以前の根拠に乏しい子育て論に基づく治療よりずっと良い効果を示し、子育てに役立つだろうと期待されていました。

ところが、ほとんどのペアレント・トレーニングは親のみに行われます。親がスキルを学ぶ場に子どもがいないため、親の子どもへの対応のどこが正しくて、どこが今一つなのか確認したり、練習したりすることを十分にできなかったのです。

そのため親が変わろうと思って一生懸命ペアレント・トレーニングを学んでも、その学びが子どもの行動を変えるところにまで行きつかないことがしばしば起こっていました。

そこでアイバーグ先生が着目したのが、子どもとおもちゃを使って遊びながら治療するプレイセラピーとペアレント・トレーニングを融合した、親子の両方に働きかける治療、すなわちＰＣＩＴの開発でした。

アイバーグ先生は若いときにプレイセラピーを専門としていて、プレイセラピーで子どもの問題行動が少なくなっても、肝心の親子の関係が変わらないと元の木阿弥になることを痛感していたのです。

そこでプレイセラピーとペアレント・トレーニングを融合させてみたところ、なんと子どもと親が遊びながら、互いが互いを良い方向に導いていくようになったのです。アイバーグ先生はさらに研究を積み重ね、この方法に徐々に、しかし確実に自信を深めていきました。

その後、ＰＣＩＴはアイバーグ先生の弟子たちがアメリカの複数の大学でＰＣＩ

Tのラボを立ち上げ、研究がさらに進んでいく中、さらにいろいろな効果が明らかになりました。たとえば次のようなものです。

・治療を受けた子どものきょうだいにその効果が反映された
・家庭だけでなく学校での行動が改善した
・虐待の再発防止に役立った
・ADHDやASDの子どもの症状が緩和された
・小さな子どものトラウマ症状にも一定の効果を与える可能性がある

ほかの国々でも子どもの心理専門家がPCITの効果に着目するようになりました。現在、日本のほかに、オーストラリア、ニュージーランド、韓国、台湾、香港、ドイツ、ノルウェー、オランダ等が積極的にPCITに取り組んでいます。

ちなみに、私がアメリカではじめてPCITの初心者ワークショップを受講したのは2005年、日本初のPCITワークショップ開催と実践の開始が2008年、アイバーグ先生の初来日が2012年です。その後は頻繁に来日して、日本のセラピストに丁寧にPCITを教えてくださっています。

PCITで
クレヨンしんちゃんも
のび太も変わる!?

あなたは子育てのどんなところに困っていますか？

「親子の変化を具体的に評価し、追跡していくこと」が、ＰＣＩＴの一つの大きな特徴であることはもうすでにお話ししました。

セラピストは親子の気になる行動やポイントをターゲットとして、定点的に測定しながら、目標に向かうように導きます。ダイエットのときの定期的な体重測定とよく似ていますね。

明確に子どもの行動をはかるとなると、体重計に代わるものが必要になってきます。子どもの行動のどこがどれくらいの状態で、何に困っているのか、そして、親がその行動になんらかの手当てをしたときに、それは果たして良い方向に変化しているのか？　それとも効果が出ていないのか？　それを知る「体重計」として、ＰＣＩＴでは「ＥＣＢＩ《エクビ》」（アイバーグ子どもの行動評価尺度：Eyberg Child Behavior Inventory）というテストを使います。

ＥＣＢＩは１９７０年代、アメリカのお父さんやお母さんから子どもの行動で困っているポイントを聞いて、それをもとにアイバーグ先生たちによってつくられたテストです。

アメリカでつくられたテストですが、日本でも問題なく使うことができます。日本では、ＥＣＢＩが一番必要な年齢、２歳から7歳の子どもに絞って私たちが調査を行い、日米の差がないことを確かめています。

「ＥＣＢＩ」には36の質問があります。この数を多すぎると思いますか？

私たちはこれだけですむのだから、とても簡単だと思っています。

実はほかの子どもの行動や心の症状の評価尺度には、親が質問に答えるだけで30分〜1時間、評価にさらに30分といったものが少なくないのです。幅のある領域をカバーして正確な評価を目指すためには必要な時間と労力ですが、これでは気軽にできません。

その点、ＥＣＢＩは子どもの問題行動の測定に焦点を絞っているため、回答に5〜10分、評価は2〜3分、親への結果説明もコンパクトにできるという利点があります。

知能やうつ・不安などの気分の状態を測定することはしていませんし、発達障害のスクリーニングをするものでもなく、子どもの行動上の問題だけをさっと評価するのです。体脂肪計等の特別な機能のついていないシンプルな体重計のようなものと考えてください。

我が子の「やんちゃ度」と親の「困り数」を数値化しよう

ここでは、「ECBIセレクト10」（77ページ参照）という小さなテストを使って、あなたの子どもの行動の問題の程度と、あなたの「困り数」を数値化してみましょう。

ECBIセレクト10は、日本向けに本来のECBIをコンパクトにしたものです。ECBIの日本語版開発研究をしたときに協力してくださったおよそ1500人の親の回答の中から、合計点が高いほうから上位5％となった子ども（つまり、もしかしたらどこか専門的なところに相談したほうが、子育てが楽になるかもしれない子ども）を選び、その子どもの親が、36項目の中で特に高い得点をつけた10項目を取り出しました。

本来のＥＣＢＩよりもおおざっぱな評価になりますが、早い人なら1分くらいでつけることができますし、計算も評価も簡単です。あくまでもおおざっぱなものですし、診断をするものでもありません。

子どもの問題行動「やんちゃ度」と、そのやんちゃ行動に対する親の「困り数」をざっくりと数値化するだけです。

数字は本来は「強度スコア」といいますが、ここでは「やんちゃ度スコア」としておきましょう。これは問題行動の強さ、親を困らせる意味での強さを表しています。質問に該当する行動がまったくない場合は1、いつも（毎日）の場合は7を選びます。

「はい」「いいえ」でつけるのは「困り数スコア」です。「はい」「いいえ」は、質問に示された子どもの行動が、親にとって問題か、そうでないかを聞いています。その行動に困っている場合は「はい」、特に困っていない場合は「いいえ」を選んでください。だいたい最近1か月くらいを振り返ってつけてみましょう。

まず、「やんちゃ度」から見てみます。

各項目の数字を合計すると、何点になりましたか？　私たちの調査では、2歳から7歳の子どもの場合、平均、つまり「ふつう程度のやんちゃ度」は34点でした。そして39点以上だと「やんちゃ度がやや高い」、43点以上だと「やんちゃ度が高い」になります。

やんちゃ度が高い群の子どもの親は、ほとほと困った、イライラする、と思うだけでなく、もしかしたら子どもの行動の問題についてどこかに相談したほうがいいかもしれない、とひそかに悩んでいるかもしれません。

続けて、「困り数」です。

「困り数」の平均は3となっています。「はい」の数が5以上は「困り数がやや多い」、6以上は「困り数が多い」に分類されます。6以上の親は、日々の育児が大変で、いつも疲れやストレスを抱え、「子どもより私が相談に行きたい」という思いを強くしていると思います。

ＥＣＢＩセレクト10では子どもの男女差を考える必要はありません。細かく見れば、年齢差や性差は若干ありますが、総合評価に影響を与えるような大きな違いはないため、共通平均点で評価します。

	項　目	ない	めったにない	時々ある	よくある			いつも	このことはあなたにとって問題ですか？
①	着替えるときにぐずぐずする	1	2	3	4	5	6	7	はい　いいえ
②	食事のときにぐずぐずしたり時間がかかる	1	2	3	4	5	6	7	はい　いいえ
③	食事のときに行儀が良くない	1	2	3	4	5	6	7	はい　いいえ
④	罰として脅されるまで従わない	1	2	3	4	5	6	7	はい　いいえ
⑤	何かをするように言われると反抗的にふるまう	1	2	3	4	5	6	7	はい　いいえ
⑥	自分のやり方が通らないと怒る	1	2	3	4	5	6	7	はい　いいえ
⑦	かんしゃくを起こす	1	2	3	4	5	6	7	はい　いいえ
⑧	駄々をこねて、めそめそする	1	2	3	4	5	6	7	はい　いいえ
⑨	すぐに注意散漫になる	1	2	3	4	5	6	7	はい　いいえ
⑩	課題や計画を最後までやり通さない	1	2	3	4	5	6	7	はい　いいえ
⑪		1	2	3	4	5	6	7	はい　いいえ
⑫		1	2	3	4	5	6	7	はい　いいえ
⑬		1	2	3	4	5	6	7	はい　いいえ
⑭		1	2	3	4	5	6	7	はい　いいえ
⑮									

ECBI セレクト 10　　**やんちゃ度**　　**困り数**

アニメの親子をECBIセレクト10でチェック

ECBIセレクト10のやり方、結果の見方を、日本のマンガ界の親を代表し、野原みさえさんと星一徹さんに協力していただき解説しましょう。

①やんちゃ度から見直す子どもの行動

やんちゃ度は、子どもの行動を一歩引いて客観的な視点から見るものです。どの数字にしようか迷うときは、直感的に○をつけてみてください。

親は項目を読み進め、○をつけているうちに、「あ、これもやってる」と今まで気にしなかった行動の存在に気づいたり、「これはないな」とほっとしていたことに気づいたりもするでしょう。

「もう、ほんとに！」と毎日苦々しく思っていたけれど、やんちゃ度スコアは案外高くなかったことがわかってほっとしたり、一方、「男の子ってこんなもんだと言われてきたので様子見をしていたけれど、やっぱりすごい得点だった、さてどうしよう?」と改めて考え直す機会になります。

外的要因で子どもの行動が落ち着かなくなることもあります。私たちの経験では、幼稚園や保育園の発表会前で練習が大変なとき、家族の誰かが病気になるなどして、家の中の空気が落ち着かないとき、家族間に言い争いが続いて子どもがそれを見ているときなどでは、男女とも「やんちゃ度」が高まりやすくなっています。

②困り数から見る親の悩み

困り数は、やんちゃ度に比べて親の解釈やスタンスが評価の中に含まれてきます。親の子育ての悩みを改めて数字にしたもの、といえるでしょう。

祖父母や周囲の人に子どもの行動の問題を指摘されたあとは、この困り数がぐっと増えることがあります。たとえば、お正月に祖父母宅にあいさつに行ったら、食べ方、たとえばお箸の持ち方の問題を指摘された、といったときです。

また、子ども嫌いな隣人がいる親では、困り数は増えがちです。マンションの下の階から子どもの足音がうるさい、泣く声がうるさいといったクレームを受けると、子どもの出す音のいろいろが困りごとになってしまいます。

電車の中であからさまに嫌な顔をされたあとも、困り数は増えます。狭い日本、周りに気を遣わなければいけない生活は、元気な子どもの親にはつらいことです。

③「やんちゃ度」×「困り数」で見えてくること

一般に、やんちゃ度の合計点が高い親では困り数の「はい」も多く、低い親では少なくなります。

しかし、時にはやんちゃ度は高くても困り数はそれほど多くない親がいます。野原みさえさんの回答（81ページ）を見ていきましょう。長男しんちゃんのやんちゃ度は59点で、「高い」を示す43点をかなり越えましたが、みさえさんの困り数は5でした。これは「やや多い」には入りますが、「多い」には達していません。

合計点が高いわりに「はい」の数が少ないみさえさんのような親は、26ページで紹介した「許容型」のペアレンティング・スタイルになっている可能性があります。

次は星一徹さん（82ページ）です。6歳の飛雄馬くんのやんちゃ度は19点、正直かなり低いです。外から見たら、ずいぶん行儀の良いお子さんでしょう。ところが

子どもの名前 **野原しんのすけ 5歳**

回答者の名前 **野原みさえ**

	項　目	ない		めったにない		時々ある		よくある	いつも	このことはあなたにとって問題ですか？	
①	着替えるときにぐずぐずする	1	2	3	4	5	6	**(7)**		**(はい)**	いいえ
②	食事のときにぐずぐずしたり時間がかかる	1	2	3	4	**(5)**	6	7		はい	**(いいえ)**
③	食事のときに行儀がよくない	1	2	3	4	**(5)**	6	7		はい	**(いいえ)**
④	罰として脅されるまで従わない	1	2	3	4	5	6	**(7)**		はい	**(いいえ)**
⑤	何かをするように言われると反抗的にふるまう	1	2	3	4	5	6	**(7)**		はい	**(いいえ)**
⑥	自分のやり方が通らないと怒る	1	2	3	4	5	**(6)**	7		**(はい)**	いいえ
⑦	かんしゃくを起こす	1	2	3	4	**(5)**	6	7		**(はい)**	いいえ
⑧	駄々をこねて、めそめそする	1	2	**(3)**	4	5	6	7		はい	**(いいえ)**
⑨	すぐに注意散漫になる	1	2	3	4	5	6	**(7)**		**(はい)**	いいえ
⑩	課題や計画を最後までやり通さない	1	2	3	4	5	6	**(7)**		**(はい)**	いいえ

やんちゃ度 59　困り数 5

子どもの名前 星飛雄馬 6歳

回答者の名前 星一徹

	項目	ない	めったにない	時々ある	よくある	いつも	このことはあなたにとって問題ですか？	
①	着替えるときにぐずぐずする	1	(2)	3	4	5	6	7	(はい)	いいえ
②	食事のときにぐずぐずしたり時間がかかる	(1)	2	3	4	5	6	7	はい	(いいえ)
③	食事のときに行儀がよくない	1	(2)	3	4	5	6	7	(はい)	いいえ
④	罰として脅されるまで従わない	1	(2)	3	4	5	6	7	(はい)	いいえ
⑤	何かをするように言われると反抗的にふるまう	1	(2)	3	4	5	6	7	(はい)	いいえ
⑥	自分のやり方が通らないと怒る	1	(2)	3	4	5	6	7	(はい)	いいえ
⑦	かんしゃくを起こす	1	(2)	3	4	5	6	7	(はい)	いいえ
⑧	駄々をこねて、めそめそする	1	(2)	3	4	5	6	7	(はい)	いいえ
⑨	すぐに注意散漫になる	1	(2)	3	4	5	6	7	(はい)	いいえ
⑩	課題や計画を最後までやり通さない	1	(2)	3	4	5	6	7	(はい)	いいえ

やんちゃ度 19　困り数 9

星一徹さんの困り数は9。これは子どもの発達程度にふさわしくない行動を求めている、30ページで紹介した「独裁型」の親によくあるパターンです。

ペアレンティング・スタイルだけでなく、ほかの要因でやんちゃ度と困り数のバランスが悪くなることもあります。特に親がなんらかの要因で弱っているとき、たとえば親がうつ状態になっているときや仕事で切羽詰まっているときなどは、一般にやんちゃ度に比べて困り数が高くなります。

子どもに発達障害などの診断がついている場合は、逆に困り数が下がることがあります。親が子どもの行動のいくつかを「特性の特徴」や「症状」など仕方ないものととらえ、親たるもの受容すべきと考えたり、あきらめているときに見られるパターンです。

何を解決したいのかハッキリさせる

さて、みなさんの子どものやんちゃ度と困り数はいかがでしたか。数値が高くて毎日困っている項目や、数値は低い、つまり起きる回数は少ないけれど、いったん起きてしまうと手がつけられなくなる項目など、さまざまだったと思います。

どうでしょう、漠然としていた育児のつらさや難しさが子どものどの行動にあったのか、少し見えてきたという感じがしませんか？


ＥＣＢＩセレクト10で日常を振り返ると、「もうちょっと良い子になってほしい」という漠然とした思いを「着替えるときのぐずぐずを減らしたい」「食事のときの行儀を直したい」に分解できたり、「もうちょっと言うことを聞いてほしい」という思いの原因は「罰として脅されるまで従わない」「駄々をこねて、めそめそする」ことが頻繁にあったためと気づいたりできます。

さらに進んで「『食事のときの行儀を直したい』はどういうことかな」と考えると、「そうか、食事中に何度もテーブルから離れたり、椅子に足を上げたりする行動を変えたいんだ！」とわかります。

食事中ぐずぐずして時間がかかることに悩んでいる場合は、その時の状況を細かく具体的に思い出してみると、解決策がわかる場合もあります。たとえば、「好きなメニューはすぐ食べてくれるが、嫌いなメニューはぐずぐずする」という場合は、忙しい朝に嫌いなメニューを出すのをやめて、好き嫌い克服は時間に余裕のある夕食を中心に取り組むことにすると、イライラすることが少なくなってきます。

ＰＣＩＴではＥＣＢＩを毎回来るたびにつけてもらい、子どものやんちゃ度と親の困り数の変化を見ていきながら、親はどの問題行動がつらくて、どこを改善したいと思っているのか確認し、親と話し合いながら具体的な目標を定めていきます。

ECBIセレクト10の中に、困っている行動がない場合

「この中に困っている行動がなかった」という人もいるでしょう。それは良かったですね！　でも、ＥＣＢＩセレクト10は本来のＥＣＢＩから項目を選び出したものですから、「10項目にはないことで日々困っている子どもの行動がある」という方ももちろんおられると思います。

本来のＥＣＢＩ日本語版をチェックすると、より網羅的に子どもの行動を把握で

きるようになりますが、その前に、まずは自分で困っている項目を書き出して点数をつけてみてはどうでしょうか。たとえば、

・妹をいじめる　毎日（7点）
・お友達とケンカをする　2～3日に1回（5点）
・ウソをつく　週1回くらい（3点）
・いつも親の関心を引きたがって一人で遊べない　毎日（7点）

ECBIセレクト10（77ページ）の項目の下にブランクがいくつかありますから、ここに書き込んでみてください。

効果をチェックしてみましょう

これから紹介するスキルを育児に取り入れると、わりと早い時期から子どもにさまざまな変化が起きてきます。

スキルの部分を読む前に、ぜひ現状をチェックしてみてください。そして、「特

別な時間」でスキルの練習を始めた日に2度目のチェックをします。

その後は週1回くらいを目安に、たとえば日曜日の夜など曜日と時間を決めて、ＥＣＢＩセレクト10で定期的に親子の状態を確認しましょう。

今まで遊ぶ時間があまり取れなかった親子は、親が一緒に遊んでくれることで子どもがうれしくなりすぎて行動が活発化したり、あるいは良くない行動で親の気をさらに引こうとするために数値が一時的に上がることもあります。

でも、それでがっかりしないで、3週目、4週目と続けてみてください。そのあたりから数値が下がってくるはずです。（下段の表はある親子の数値を表にしたものです）

「特別な時間」実施によるECBIセレクト10測定の数値結果

	開始前	特別な時間の開始後 1週間	2週間	3週間	4週間
ECBI セレクト10：やんちゃ度	45	42	34	34	30
ECBI セレクト10：困り数	7	7	6	5	4

	PCITスキルを始める前	PCITスキルを開始した日	1週目	2週目	3週目
日付					
やんちゃ度					
困り数					

	4週目	5週目	6週目	7週目	8週目
日付					
やんちゃ度					
困り数					

	9週目	10週目	11週目	12週目	13週目
日付					
やんちゃ度					
困り数					

私が体験したPCIT②

伝え方を変えただけで、感謝の言葉が言える子に

東京都　小1女子の母

弟が生まれて、長女が反抗的に

娘が幼稚園の年中のときに、弟が生まれました。娘の赤ちゃん返りが強く出ていたのですが、私が早めに復職し、仕事と下の子のお世話で、上の子の気持ちにしっかり寄り添うことができず、娘との関係が悪いほうに傾いていきました。

娘は私に対して反抗的になり、「○○してほしい」と言っても、ふてくされてしまいます。また、自分のわがままを通そうとすることが頻繁になり、それを叱ると、「私は弟と違って大事にされていない」と泣いて怒るようになりました。

小学校に入ってからは、朝が悩みの種になりました。学校に行きたがらないわけではなく、とにかく仕度が遅いのです。下の子の世話や家事もあるので、ある程度自分でやってほしいのですが、だらだらとしていて「時間ぎりぎりだよ」と言っても急ぐ気配がまったくありません。そんな長女にやきもきし、なんとか学校に送り出すだけで、毎朝疲れてしまいました。

このままでは良くないことは仕事柄よくわかっていました（私は非常勤で子どもの発達障害に関わる仕事をしています）。けれども私が望んでいた、実際の私と娘のやり取りを客観的に見て、その場で具体的なアドバイスをしてくれるタイプのペアレント・トレーニングを見つけられずにいました。ですから、ある研修会でPCITを専門とするカウンセラーの講義を聴講したときに、「これだ！」と思いました。

ほめ言葉が子どもに響いていなかった

PCITのセラピーでは、自分では長女をしっかりほめていたつもりでしたが、本人に響いていなかったことに気づきました。私の言葉が具体的でなかったせいで、なぜほめられるのかわかっていなかったようです。

「特別な時間」の宿題は、夕食後のお風呂に入る前か、下の子が寝たあとにしました。働いている方はみなさん同じだと思いますが、仕事で帰りが遅くなると、たった5分の宿題をやるのが難しくなります。はじめのうち宿題ができない日は「今日もできなかった」とモヤモヤしてしまいました。それで毎日やろうと頑張ることは早々にあきらめ、「週の半分で良し」と割り切りました。もともと二人だけの時間を十分につくれなかったことが親子関係をギクシャクしたものにしてしまった原因だったのですから、宿題ができなくても今までの自分とは違う、努力をしている自分をほめようと考え直したのです。

ＰＣＩＴを受けてからは、娘をほめるときはいつでも「ママは○○だからうれしくて、あなたをほめるのよ」と説明するようにしました。すると、そのうちに「○○したらママが助かるかなと思って」と、私が言わないことでも自分で考えてお手伝いをしてくれるようになりました。ある日、長女から「いつも忙しいのにありがとうね」と言われたときには、この言葉だけでも私の頑張りが無駄ではなかったと思いました。

ＰＣＩＴを通して、自分が長女に願っていることは、親の言うことを聞くことではなく、自分で考えて行動できるようになることだと気づきました。長女も一人の人間で私とは違う人格をもっているのだから、これからはあまり口出しをしないで見守る場面を増やしていこうと思います。

親子が輝く
「特別な時間」

1日5分を子どもファーストに

ＰＣＩＴは本来、問題行動が激しい子どもと、その子どもに対処できない親を対象としている治療ですが、その内容は子育て全般にとても役立つものです。

ここからはＰＣＩＴのさまざまなスキルやポイントをお伝えしていきましょう。きっとみなさんの子育てに役立ちますよ。

ＰＣＩＴには２段階のステップがあることはすでにお話ししました。第１段階のＣＤＩ（子ども指向相互交流）では、「子どもが親をリード」する「特別な時間」で、遊びながら親子の関係性を改善します。

スキルを紹介する前に、この２つのキーワードについて解説しましょう。

キーワード１　子どもが親をリード

日常生活では、親が子どもをリードする場面のほうが多いのではないかと思います。たとえば、「朝ご飯を食べましょう」「学校に行く時間よ」と親が行動の指示を出したり、「今日は幼稚園で何をしたの?」といったように親が会話の主導権をとったりするのがこれにあたります。

「特別な時間」では、こうした指示や質問はなるべく避け、遊びも会話も子どもがやることに親がついていきます。

ふだんは親子で一緒にいても、親がじっくり子どもに集中することはめったにないのではないでしょうか。子どもを注意深く観察し、一緒に遊んでいると、子どもの良い行動や、意外な個性にも気づくことができるものです。

子どもがリードする、子どもファーストだと、子どもは舞い上がってつけあがるんじゃないの? かんしゃくを起こして手がつけられなくなったらどうしよう、と心配される方もいるでしょう。大丈夫です。

親が子どもの適切な行動に、より注目を向け、不適切な言動はスルー(「選択的注目」といいます。あとから詳しく説明します)することで、子どもが親をリードしていることでも、良くないことで親の注意を引こうとする行動は劇的に減っていきます。

キーワード2「特別な時間」

「特別な時間」とは、英語では「SPECIAL TIME」です。

なぜ「特別」かといえば、いつもとは違って、親が改まって子どもに集中して接する時間であるとともに、子どもが、親からスキルを使ったプレイセラピーを受ける時間でもあるからです。

クリニックでのPCITセッションでは30〜40分「特別な時間」を行い、さらに宿題として毎日5分間「特別な時間」を家庭で続けてもらいます。

家での宿題が5分と伝えると、「そんなに短くていいんですか?」と驚かれたり、「その5分が難しいです」と困惑されたり、さまざまな反応が親から返ってきました。もちろん5分は過不足なく、必要な時間です。

親は一日中スキルを意識していたら大変ですし、子どもだって飽きてしまいます。

たとえていうなら、宿題の5分は、体調管理のためのテレビ体操や、リラクゼーションのための深呼吸練習のようなもので、コツコツ続けることに意味があります。

あなたなら「特別な時間」を、いつ、どこで？

「特別な時間」は、「お母さんは自分のことをしっかり見てくれる」「お父さんは自分のことを気にかけてくれる」と感じることができるように、必ず一対一で行います。きょうだいがいる場合も、たとえば保育園から帰ってきてすぐの時間、お兄ちゃんがお風呂に入っている間など、一対一になれる5分間にやります。

時刻だけでなく、場所も決めて、親子のルーチーンにするのがおすすめです。リビングのこの部分で、キッチンで、子ども部屋など、一対一で遊べるスペースを探します。

また、「特別な時間」の5分間はテレビを消し、できれば電話も一時電源を切るか、消音にして別の場所に置きましょう。親子二人の大事な時間に集中するためです。

「特別な時間」は親子のお薬。5分を守って

「特別な時間」は子どもの専属セラピストである親が、子どもにプレイセラピーを処方する時間ですので、お薬を飲むのと同じで毎日5分を継続して行うことが重要です。

「特別な時間」を始めるときは、毎回「これから『特別な時間』を始めます。ここにあるおもちゃで好きなように遊んでいいよ」と、子どもにしっかり聞こえるように伝えます。キッチンタイマーなどで時間をはかり、5分経ったら「これで『特別な時間』は終わりです」と、終了を伝えます。

「終わりです」と言っても、特にはじめのころは、子どもは「もっとやりたい」と不満そうにするかもしれません。そのような場合は、「今日はおしまいだよ。また明日遊ぼうね」と伝えましょう。最初はどうしても、30分、40分かかってしまうことがあるかもしれません。でも、毎日習慣的に続けていくと、子どもも慣れてきて、5分でさっくりと切り上げられるようになってきます。

親が無理なく、スキル練習を毎日続けるためにも、5分という短い時間を設定することには意味があります。

あなたなら子どもと何で遊びますか？

「特別な時間」には2～3種類のおもちゃを用意して、子どもに好きなものを使って遊ばせます。用意するおもちゃは、自由に形をつくって遊ぶものや、組み立てて遊ぶものなど、「建設的で創造的な遊び」につながりやすいクリエイティブなおもちゃが適しています。私たちが「特別な時間」のコーチングに使っているのは、積み木、ブロック、紙とクレヨン、電車セット、粘土などです。

「特別な時間」にあまり適していないおもちゃとして、ボードゲーム類やトランプなどのルールがあるもの、絵の具のようなあたりの汚れる遊びや、拳銃のおもちゃのような攻撃的な遊びになりやすいものなどは、避けていただくほうが良いでしょう。

人形をほめているのか、子どもをほめているのかわからなくなりそうな、人形やフィギュアは避けたほうが無難です。絵本の読み聞かせはそれ自体とてもいいものではありますが、相互交流になりにくいのでＰＣＩＴには向いていません。

　子どもの遊び方が乱暴だったり、おもちゃを投げてしまうような場合には、柔らかく、軽いおもちゃを選ぶなどの工夫も必要です。クレヨンで壁に落書きをされそうなら、それも選ばないほうがいいでしょう。

　手持ちのおもちゃの種類が少ない場合は、不要なチラシや空き箱などを使って、工作をするのも良いアイディアだと思います。

「特別な時間」の

Don'tスキル

さあ、準備が整いました！
ここからは、いよいよ「特別な時間」で使う
スキルの説明です。「特別な時間」の目的は、
子どもリードで遊び、親子の関係性を改善するところにあります。
子どものリードについていくために、
まずは封印するべきスキル3つから説明します。
これらは、「Don't スキル」と呼ばれています。

Don't スキル①

命令しない

――提案もしない

命令とは子どもに何かを指示したり、何かを提案することです。命令には直接的命令と間接的命令の２種類があります。直接的命令は、「これを使いなさい」「ここに座って」というように親がしてほしいことをストレートに伝える言い方です。

一方、間接的命令とは、たとえばおもちゃを片付けてほしいときに「お片付けしましょう」と誘うような言い方や、「お片付けしたらどうかな？」と問いかけるような言い方や提案です。これも命令なの？　と意外に思う方もいらっしゃるかもしれませんが、言い方はともあれ、親は子どもに片付けることを求めているのでこれも命令になります。いずれの命令も、「特別な時間」の中では避けていきます。

日常生活の中では命令が必要な場面は多々ありますから、全面的に命令はダメ！ということではありません。効果的な命令の出し方のポイントについては、第４章で詳しく解説します。

命令の具体例

直接的命令

○○しなさい

ここに座りなさい

○○してください

箱の中に入れてください

○○ちょうだい

その積み木をお母さんにちょうだい

間接的命令

○○してくれる?

これを手伝ってくれる?

○○はどうかな?

ここは黄色で塗ったらどうかな?

○○できる?

積み木をお片付けできる?

○○がいいよ

椅子に座ったほうがいいよ

○○しましょう

ブロックで一緒に遊びましょう

○○なら、うれしいな

おもちゃを分けてくれたら、お母さんうれしいな

命令を避ける理由

- **命令は子どもがすべきことを提案することによって、親が子どもの遊びを管理する（親がリードする）ことになる**
- **もし子どもが命令に従わなかったら、遊びが楽しくなくなる**

Don'tスキル②

質問しない

——会話も子どもがリード

Don'tスキルの2つ目は、質問です。どうして質問がいけないの!? と驚かれる方も多いのではないかと思います。親子の会話の6割以上が質問であるという研究もあるくらいですが、「特別な時間」の中では避けていきます。

命令に直接的命令と間接的命令があったように、質問にもいくつかの種類があります。「いつ、どこで、誰が、何を、なぜ、どのように」を聞くようないわゆる5W1Hの質問は、単に情報を求めるための質問です。

一方で、「そのクマさん緑で塗っちゃうの?」という質問には、暗にクマさんを緑で塗ることに不賛成である、というメッセージが含まれています。

また、「机の上をきれいにしたら次の人が気持ちいいと思わない?」という質問は、片付けることを求める、本当は命令である質問です。「え?」「それ車?」というような語尾が上がる言い方も減らしていきましょう。

質問の具体例

情報を求めるための質問

何?

何をつくっているの?

なぜ?

どうしてこれをつくったの?

どこ?

赤いクレヨンはどこに
あるの?

不賛成・隠れた命令が含まれる質問

不賛成

電車なのに
空飛ばしちゃうの?

隠れた命令

お片付けしたほうが
いいんじゃない?

質問を避ける理由

- 質問は子どもからの回答を求めるので、
  質問した側（親）がリードをとることになる
- 質問は時によって不賛成を意味する
- 質問はしばしば子どもの話を聞いていなかったことを意味する

Don'tスキル③

批判しない
――親の意見を言わない

批判というと、「それは違うわよ」「そうじゃないよ」「間違ってるよ」「ダメじゃない」などの言葉を思い浮かべますよね。これらはもちろん批判なのですが、そのほか「やめなさい」「止まりなさい」「走らないで」などの言葉も、多くの親は命令のつもりで使っていると思いますが、実は批判に含まれます。

英語で言うと「Don't」あるいは「Stop」で始まる形ですが、子どもにしてはいけないことを言うことも批判にあたると覚えておいてください。

このことについて、「子どもにしてはいけないことを教えるのも、親の大切な役目ではないでしょうか?」という質問を受けることがあります。もちろん、してはいけないことや、マナーを守ることを子どもに教えるのは、大切なことです。けれども、批判をしなくとも間違いを正すことはできます。たとえば、「廊下を走ってはダメ」と批判する代わりに、「廊下は歩きましょう」と言うことができます。

批判の具体例

ダメ出し

ダメだよ

そんなことするなんて
悪い子ね

それは間違ってるよ

絵が下手だね

禁止

泣くのをやめなさい

手を出さないで

ストップ

批判を避ける理由

- **批判は子どもの自尊心を低下させる**
- **批判は間違いを指摘しているだけで、正しい行動を教えていない**

以上が「特別な時間」に避けていただきたいスキルです。3つ全部思い出せますか？　Don'tスキルを避けると、はじめは「なんだか子どもと会話がしにくい」と感じるかもしれませんが、続けていれば自然にできるようになってきます。

また、特に思春期以降のお子さんに対しては、このDon'tスキルを減らすだけでも、かなりの効果があります。

思春期はパワーや権力というものに、とても敏感な時期です。命令、質問、批判は、実はパワーや権力をビビッドに感じさせてしまうコミュニケーションそのものなのです。ですから、1日5分だけDon'tスキルを封印して会話をしてみると、思春期のお子さんとのコミュニケーションがスムーズになるケースは多々あります。

「特別な時間」の
Doスキル

質問もしないでいったいどうやって子どもと会話したらいいの？
と不安な方もいるかもしれませんが、ご安心ください。
ここからは、「特別な時間」に増やしたいスキルを
5つご紹介します。行うスキルである「Doスキル」は、
英単語の頭文字をとって「PRIDEスキル」とも呼んでいます。

Doスキル①

賞賛する

――ほめる理由を明らかに

ＰＲＩＤＥスキルのＰは、賞賛《しょうさん》（Praise）です。賞賛とは、子どもの言動や作品、特性をほめることです。親が、うれしい、ありがとう、と気持ちやお礼を伝える言葉も、子どもにとっては賞賛にあたります。

賞賛には、一般的賞賛と具体的賞賛の2種類があります。たとえば、「ありがとう」「お母さんにおもちゃを貸してくれて、ありがとう」はいずれも賞賛にあたりますが、この2つの違いがわかりますか？　後者のほうが、何に対してありがとうなのか、ハッキリと特定してほめています。これが具体的賞賛であり、ＰＣＩＴではこれを使っていきます。ちなみに、前者は一般的賞賛といいます。

「どこをほめたらいいのかしら？」と思う場合は、子どもの遊んでいる様子に注目してみましょう。もしおもちゃをやさしく大事に使っていたら、

「○○ちゃん、おもちゃをやさしく大事に使ってくれて、ありがとう」と声をかけると、子どもはまたほめられたくて、もっとおもちゃをやさしく使うようになるでしょう。このように、具体的にほめた行動は、やる回数が増えていきます。これを「強化」といいます。

子どもの言動だけでなく、子どもの作品をほめるのも良い方法です。「かわいいおうちをつくったね」「○○くんのつくったタワー、お父さん好きだよ」のような声かけも、具体的賞賛に含まれます。

はじめのうちは、ほめ方がワンパターンになってしまってもかまいません。不適切な行動以外は全部ほめる、くらいの気持ちで具体的賞賛にチャレンジしてみてください。

でも、一般的賞賛が悪いわけではありません。ほめる気持ちはとても大事です。

＊言葉でほめるのを「称賛」、物などごほうびをあげてほめるのを「賞賛」と使い分けることもあるようですが、ＰＣＩＴでは、Praiseの翻訳を「賞賛」に統一しています。

ポイント

具体的に、わかりやすくほめる

ポイント①

ほめられている理由が、わかるように

例 ぬり絵をきれいに塗った

上手ね

クレヨンで上手に塗れたね

例 親にブロックを渡した

ありがとう

お母さんにブロックを
渡してくれて、ありがとう

例 使ったものを片付けた

いい子ね

使ったクレヨンをきちんと箱に
片付けて、いい子ね

ポイント②

できて当たり前と思うことでも、ほめる

例 座っていられる

お行儀良く座っていられて、
かっこいいね

例 楽しそうに遊んでいる

集中して遊んでいて、すごいね

ポイント③

子どもの作品をほめる

○○ちゃんのつくったピザ、
おいしそう

動物園をつくるなんて、
良いアイディアだね

具体的賞賛の効果

- 親が良いと思うことを確実に知らせるので、効果的である
- ほめられた行動を増やす
- 子どもの自尊心を高める
- 親も子どもも良い気持ちになる！

Doスキル②

繰り返す

──子どもの言葉を受け止め、返す

ＰＲＩＤＥスキルのＲは、繰り返し（Reflect）です。繰り返しとは、文字通り、子どもの適切な言葉を繰り返すことです。

繰り返しは子どもの発言のあとにしかできないので、子どもは「話を聞いてもらえている」「受け入れてもらえている」という気持ちになります。同時に、親が子どもの言葉をしっかり受け止める態度がモデルとなり、子どもは人の話を聞く力を身につけることができます。

そのままオウム返しするのでも良いですし、子どもの発言の一部を短く繰り返すのもＯＫです。また、子どもが「くるま」と言ったときに「青いくるまだね」のように、少し付け足すのも良い方法です。子どもは親の言葉を聞いて、新たな概念を覚え、発語が増えていきます。もし子どもの言葉づかいに間違いがあったら、さりげなく正しい言葉に修正して繰り返しましょう。

子どもから質問があった場合、そのまま繰り返してしまうとDon'tスキルの質問になるので、注意しましょう。子どもからの質問に対しては、「○○が気になるんだね」と繰り返すか、あるいはふつうに答えを言います。

繰り返すときに、つい癖で語尾が上がってしまうと、これも質問になってしまいます。しっかりと語尾を下げて繰り返すことがポイントです。

子どもの適切な言葉はすべて繰り返していきますが、不適切な言葉は繰り返さなくて大丈夫です。さらりとスルーしましょう。

ポイント

子どもの言葉を繰り返す

ポイント①

語尾を下げて繰り返す

これは列車だよ

これは列車なのね→

語尾が上がると
質問になって
しまうので、注意

ポイント②

少し言葉を足して、
繰り返してもOK

電車びゅーん

その青い電車ははやいね

ポイント③

言葉の間違いは、さりげなく修正して繰り返す

クレヨンに描いた

クレヨンで描いたのね

「違うよ」
「そうじゃなくて」といった、否定する言葉は控えます

ポイント④

不適切な言葉は繰り返さずに、スルーする

お母さん、お母さん、
これウンコだよ〜

・・・

イヤな顔をする、笑う、などの表情もおさえます

繰り返しの効果

- 子どもに会話のリードをとらせる
- 親がちゃんと話を聞いていることを子どもに示す
- 親が子どもの話を受け入れていることを表す
- 子どもの発語力が上がる

Doスキル③

まねをする

——子どもの遊びについていく

PRIDEスキルのIは、まねをする（Imitate）です。まねをするとは、子どもがしていることと同じことをすることです。たとえば、子どもが木の絵を描いていたら、親も木の絵を描きます。先ほどの繰り返しは、子どもの発言を聞いて言葉でまねをすることですが、この「まねをする」とは、子どもを見て動作でまねをすることです。

子どもにとって、親が自分と同じ遊びをしてくれることは、とてもうれしいものです。親が自分のしていることを認めてくれているという気持ちになり、自分が遊びのリードをとっている状況を楽しみます。

親がまねをしようとすると、怒って親からおもちゃを奪うなどの行動をとる子どももいます。まだおもちゃをシェアすることが難しい発達段階であったり、親にじっと自分を見ていてほしいという気持ちの表れだったり、いくつかの理由が考えられます。

このような場合は、いったん引いてまねをすることを控え、子どもが受け入れやすいＰＲＩＤＥスキルを使ってみてください。「○○ちゃんの次にお母さんが使いますね」と、順番を待つことを伝えるのも良い方法です。待っている間に、子どもが「これ使っていいよ」とおもちゃを渡してくれることがあるかもしれません。そのときは、「お母さんにおもちゃを貸してくれて、ありがとう」と具体的賞賛のスキルを使いましょう。

このように親がおもちゃを譲り合ったり、順番に使うやり方を示すことで、子どもは友だちと仲良く遊ぶ方法を学ぶことができます。

ポイント

子どものまねをする

ポイント①

子どもがやっているのと、同じことをする

子どもが青いブロックを使う

↓

親も青いブロックを使う

子どもがスイカの絵を描く

↓

親もスイカの絵を描く

子どもがガッツポーズする

↓

親もガッツポーズする

ポイント②

仲良く遊ぶ方法を態度で教える

例 子どもだけがおもちゃを使っている

使い終わったら貸してね

命令はしない

お母さんは○○ちゃんが
使い終わるのを待ちます

ポイント③

不適切な行動はまねせずに、スルーする

例 親が使っているおもちゃを奪った

（別のおもちゃを手に取って）

じゃあ、お母さんは
黄色のブロックで遊びます

まねをすることの効果

- **遊びのリードを子どもにとらせる**
- **親が子どもの活動を認めていることを示す**
- **子どもにほかの人とうまく遊ぶ方法を教える**

Doスキル④

行動の説明

──親に注目される喜びを

ＰＲＩＤＥスキルのＤは、行動の説明（Describe）です。行動の説明とは、子どもが行っている良いことを声に出して描写することです。スポーツの実況中継のように、子どもの行動を、そのまま言葉にします。このスキルは、ほかのペアレント・トレーニングにはあまり出てこない、ＰＣＩＴ独特のやり方です。

たとえば、子どもが色鉛筆を持ったら「○○ちゃんが赤い色鉛筆を持ちました」、子どもが電車のおもちゃで遊んでいたら「○○くんは電車を走らせているんだね」のように言います。行動の説明をすると、ふだん注意がそれがちなお子さんでも、集中力が保たれるという効果があります。親が子どもの手元に注目して声かけをしていくので、子どもも手元に集中しやすくなるのです。

はじめて行動の説明をすると、違和感を感じて嫌がる子どももも時々います。そのような場合は、まねをするスキルも使いながら、さりげなく行ってみてください。スキルを使い続けていると、だんだん子どもも慣れてきて、受け入れるようになっていきます。

行動の説明をするときは、子どもを主語にして言うことがポイントです。たとえば、「高いタワーができたね」はタワーが主語ですが、「○○くんは高いタワーをつくったね」と言うと子どもが主語になります。子どもを主語にして言うことで、親が子どもに注目していることを知らせることができます。

また、見える行動をそのまま描写することも大切です。「考えている」「迷っている」「選んでいる」などの描写は、親の想像や解釈が入るので、行動の説明のスキルとしては、少し不十分です。筋肉の動きとして見えているものを描写するようにすると、うまくいきます。

ポイント

子どもの行動を説明する

ポイント①

子どもを主語にして実況中継する

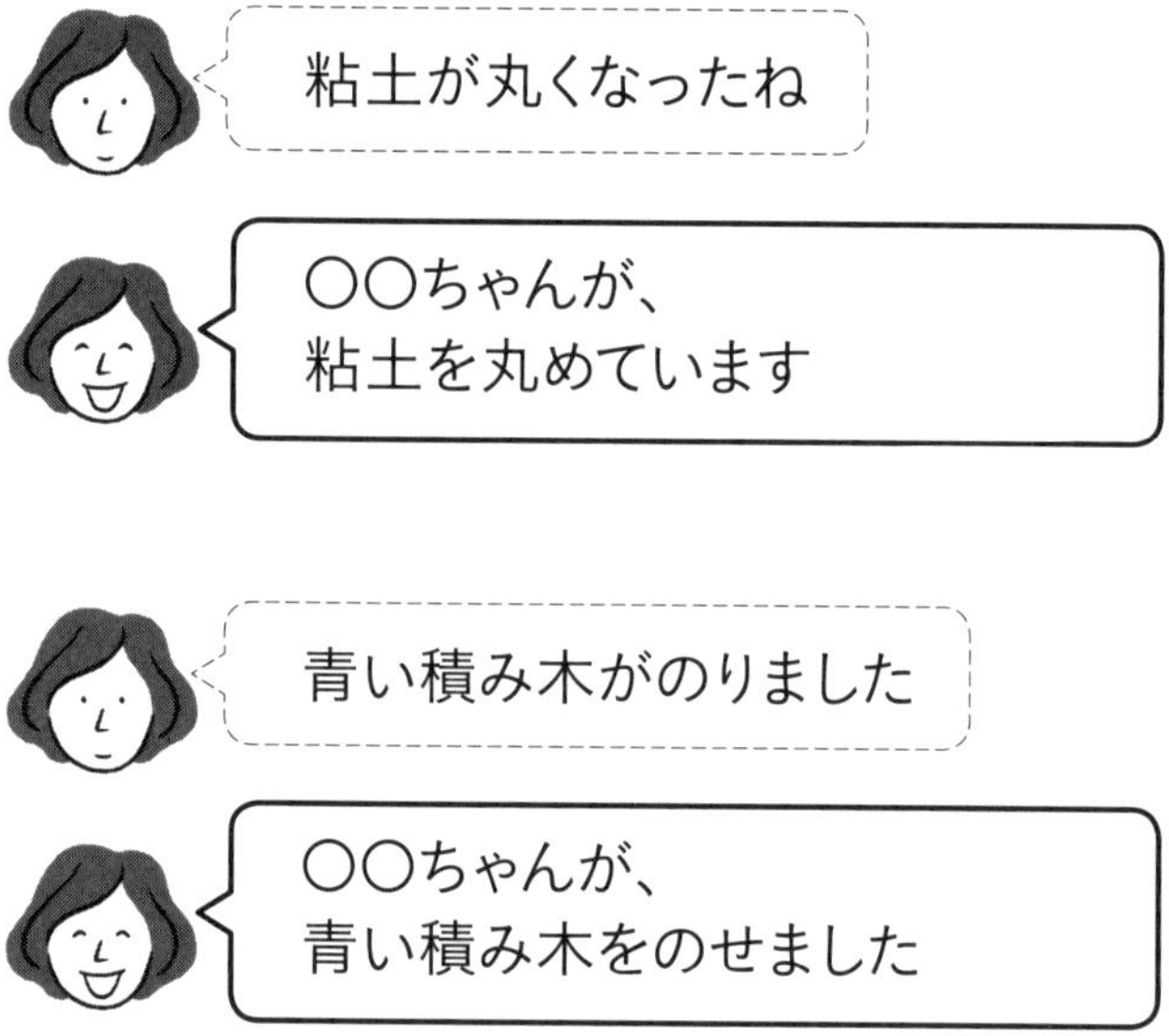
粘土が丸くなったね
○○ちゃんが、粘土を丸めています
青い積み木がのりました
○○ちゃんが、青い積み木をのせました

ポイント②

想像や質問を加えず、見たままを説明する

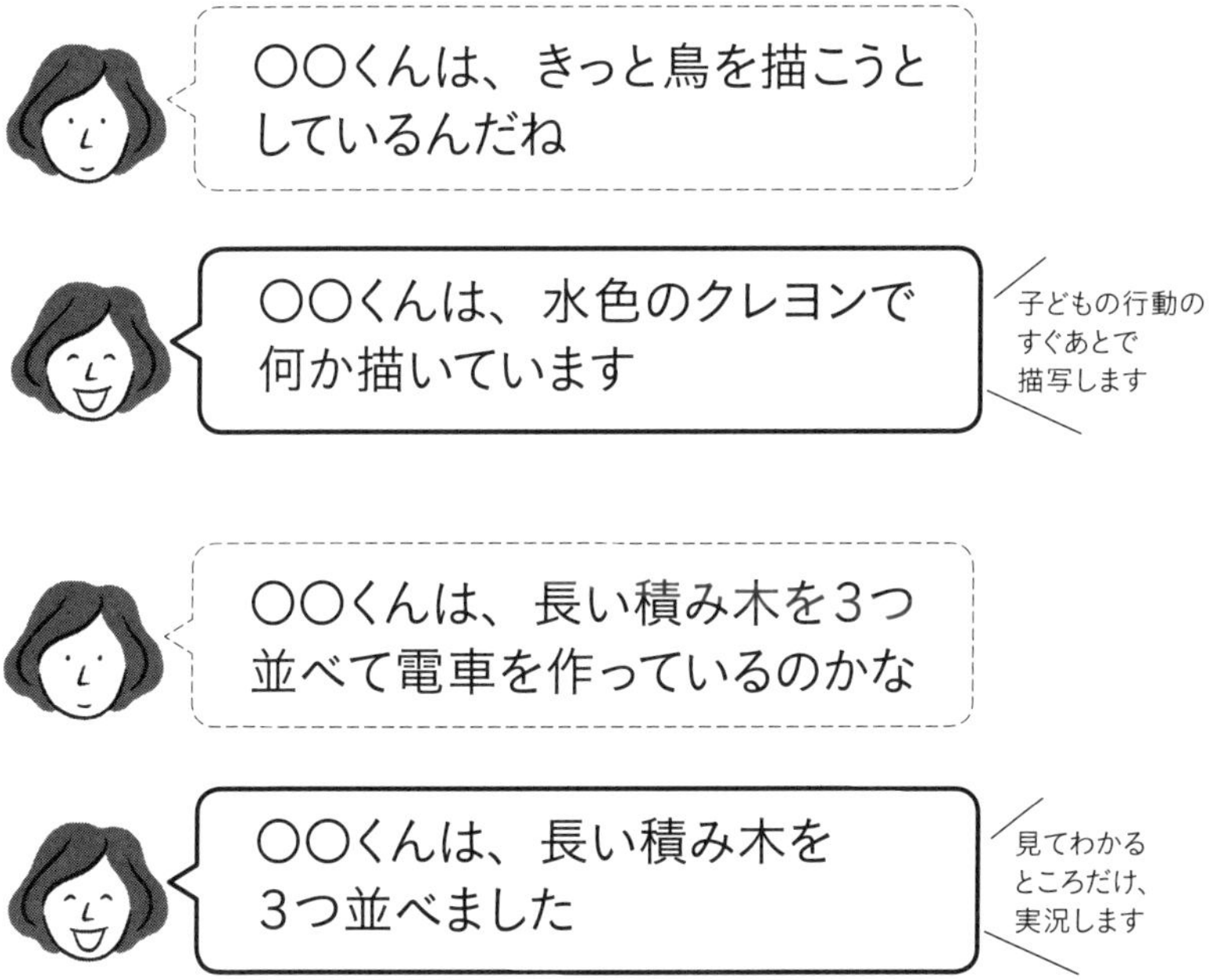
〇〇くんは、きっと鳥を描こうとしているんだね
〇〇くんは、水色のクレヨンで何か描いています
子どもの行動のすぐあとで描写します
〇〇くんは、長い積み木を3つ並べて電車を作っているのかな
〇〇くんは、長い積み木を3つ並べました
見てわかるところだけ、実況します

行動の説明の効果

- **子どもにリードを取らせる**
- **子どもに親が注目していること、関心があることを示す**
- **子どもの行動を親が容認していることを示す**
- **語彙と概念を教える**
- **子どもの作業への集中力が高まる**

Doスキル⑤

楽しむ

――はじめは演技でもOK

PRIDEスキルのEは、楽しむ（Enjoy）です。楽しむとは、親が子どもと遊ぶときに楽しそうにふるまうことを意味します。親が楽しそうにしていると、子どもも楽しい気持ちになって、「特別な時間」はいっそう子どもにとってかけがえのない、幸せな時間になります。

「特別な時間」の5分間は、できるだけ明るい笑顔で子どもと過ごしましょう。そうすると、子どもはあたたかく見守られていると感じ、安心感が増します。会話をするときにアイコンタクトをとったり、声をかけるときにやさしくボディタッチをしたりすることも、楽しむスキルに含まれます。

これまで解説してきたように、「特別な時間」にはDon'tスキルとDoスキルがあるので、はじめはスキルを意識することに精一杯で、なかなか子どもとの遊びを楽しむ余裕がないかもしれません。「うっかり質問してしまった！」と気づいて焦ったり、具体的にほめることの難しさを感じたりすることもあるでしょう。

でも、正確にスキルを使うことにこだわりすぎなくて大丈夫です。子どものリードについていくという大枠を意識して、まずは親子の「特別な時間」を毎日楽しく続けることを大事にしていただきたいと思います。

ポイント

子どもと遊ぶことを楽しむ

ポイント①

表情豊かに、楽しそうな笑顔で

親の笑顔は、
子どもに安心感を
もたらします

ポイント②

明るい穏やかな声で話す

ふだんより声のトーンを
上げて、声をかけて
みましょう

ポイント③

アイコンタクトをとる

子どもの目を見て
話すことで、より確実に
伝わります

ポイント④

あたたかい
ボディタッチ

子どもはやさしい
ボディタッチが
大好きです

楽しむことの効果

- **楽しさを表現することは、
親子の遊びのあたたかみを増す**
- **親が楽しむことは、子どもにとって
「特別な時間」をより楽しく意味のあるものにする**

「特別な時間」
ワークショップコーナー

「特別な時間」のスキルを覚えることができましたか？
試してみましょう。

Q イチローくんは、ピンクのクレヨンで
何か塗っています。
どんな言葉をかけたらよいでしょうか？

A 「男の子だけどピンクのお洋服を着ているの？」
B 拍手しながら「イチローくんはお洋服を
上手に塗っていますね」
C 「男の子のお洋服がピンクになったね」
D 「イチローくんがピンクのクレヨンでお洋服を
塗っています」

A △ 親の不賛成が含まれる質問になっています。
B ○ 良い具体的賞賛+楽しむのスキルです。
C △「男の子のお洋服」が主語になっています。
D ○ 良い行動の説明です。

「特別な時間」に子どもが反抗的でも批判したりご機嫌をとったりしない

「特別な時間」を始めると、ほとんどの場合、親が想像している以上に子どもは喜び、楽しく遊んでいるうちに、5分間はあっという間に過ぎてしまいます。しかし、ときには子どもがかんしゃくを起こしたり、反抗的な行動をとることもあるかもしれません。このとき、子どもの不適切な行動に対して、「無視のスキル」と反対の「良い行動をほめる」をセットにした「選択的注目」という方法を使います。

無視のスキルとは、親の注目をすべて取り去って、子どもを見ないふり、子どもの声が聞こえないふりをする、スルーすることです。けれども、無視のスキルを使っている間に不適切な行動とは反対の好ましい行動がでてきたら、すかさずそれをほめます。これを「反対の良い行動をほめる」、といいます。子どもを叱ることをしなくても、この2つを使っているだけで、子どもの反抗的な行動や問題行動が少なくなります。

親が子どもの良くない行動に注目すると、その行動は増える

子どもは親に注目されるのが大好きです。親に注目される機会が少ない子どもや、兄弟姉妹がいてなかなか親の関心を独占しにくい状況の子どもは、親に叱られる行動をわざとすることもあります。

子どもが良くない行動をしたときに親が叱ると、子どもによっては「こういうことをすれば、お父さんやお母さんは自分の方を見てくれる」という学習をしてしまうことがあります。これを「注意引き行動」といいます。

一度その方法で親の気を引くことに成功すると、見てほしいときはいつでも、同じような行動をとるようになります。

また、良くない行動が自分の要求を達成することにつながると、やはり親を悩ませる行動が増えます。スーパーのお菓子の棚の前で欲しいと泣かれ根負けしてそのお菓子をつい買ってしまうということが続くと、子どもはこれも学習します。

良い行動をほめるチャンスまで我慢

不適切な行動で親の注目を集める悪循環を断ち切るため、「特別な時間」の中で良くない行動が起きたときは、親の注意を子どもから離すようにします。

子どもの不適切な行動がおさまるまでは、声をかけることも控えましょう。視線も子どもから外すようにします。子どもに背中を向けてしまってもOKです。

はじめて無視のスキルを使うと、一時的に子どもの行動がエスカレートすることがしばしばあります。これを「行動のバースト」といいます。親からの反応がないので、今までよりももっと大きな声を出したり激しい行動をしたりして、必死に親の注目を得ようとするのです。

もし子どもが床にひっくり返って大声を出していても、特に危険がなければ、親は一人遊びをして子どもが落ち着くのを待ちましょう。行動が激しくなっても、頑張って無視のスキルを貫きます。

途中で反応してしまうと、それが「ごほうび」になって「これくらい激しくすればお母さんは見てくれる」という誤った学習をしてしまうので、ここはとにかく一貫してやりきることが大切です。

子どもが良くない行動をやめて、また遊びに戻ったら、すぐに「遊びに戻ってきてくれて、ありがとう」と具体的にほめます。これが「反対の良い行動をほめる」という方法です。不適切な行動には注目せず、適切な行動をとったらすかさずほめて注目を与える、というメリハリのある対応をすると、小さな良くない行動を減らしていくことができます。

もしも子どもが床にひっくり返ったまま5分が過ぎ、タイマーが鳴ったら、いつも通りに「今日の『特別な時間』はこれでおしまいです」と伝え、終わりにして大丈夫です。あとで子どもが落ち着いたタイミングで「自分から静かになれて、えらいね」とほめてあげてください。

子どもはエネルギーがありますので、落ち着くまでに長い時間がかかることもしばしばあります。でも、毎回長くかかるわけではなく、だんだんと落ち着くまでの時間が短くなってきます。たった一度、長時間の無視をやりきっただけで、嘘のように行動が落ち着くような場合もあります。親が一貫して無視のスキルをやりきることは、親が思うよりも大きな効果があるのです。

とはいえ、この無視のスキルは、親が一人でやりきることは本当に大変です。まだ慣れないうちは、親にとってのイライラが少ない、無視しきれそうな行動から、時間や気持ちに余裕があるときに、試してみてください。

「無視できる」行動と「無視できない」行動を見分ける

無視できる行動と無視できない行動の見分け方について説明しましょう。子どもがけがをしたり、相手を傷つけたり、破壊的行動をとっていたりするときは、その行動をすぐにやめさせ、子どもや自分を危険から遠ざける必要があります。無視のスキルを使っているうちに子どもの行動がエスカレートして無視しきれない場合もあります。子どもが壁や床に激しく頭を打ち付ける、物を投げて壊すなどの行動がこれにあたります。

このようなときは、親は「特別な時間」をやめなければならないことを子どもに説明します。

たとえば、親を激しく叩くときは、「○○ちゃんがお父さんを叩いたから、『特別な時間』はおしまいです。次は仲良く遊べると思うよ」と中止の理由と次回への期待を伝えます。お説教やネガティブな声かけは控えて、淡々と中止を宣言しましょう。


子どもにとって「特別な時間」を中止されるのは、大好きな親との遊びの時間を取り上げられることを意味します。「なんでよ!」「ずるい」と、中止への不満をうったえてくるかもしれませんが、ここは先ほど説明した無視のスキルで対応します。

子どもがクールダウンしたら、「静かにしてくれて、ありがとう。○○ちゃんがお父さんを叩くのをやめたから、『特別な時間』に戻ることができるよ」と、反対の良い行動をほめ、できるだけその日のうちに「特別な時間」をやり直しましょう。

「特別な時間」の中止は最終手段なので、なるべく楽しい遊びの時間を過ごせるように、環境設定を考えることも大切です。怒って物を投げる癖があるなら、強く投げても安全なソフト積み木にするなど、用意するおもちゃを工夫しましょう。

中止のポイント

攻撃的・破壊的な行動が出たら中止

中止の理由と次への期待を淡々と伝えます

おもちゃを壊す

噛む

強く叩く

中止に対する不満へは無視のスキルで対応

中止を宣言したあと、不適切な行動はスルーします

落ち着いたら、「特別な時間」を再開

なるべくその日のうちにやり直します

「静かにしてくれてありがとう。
これで『特別な時間』に
戻ることができるよ」

「特別な時間」のスキルに慣れてくると、日常生活の中でも今までは気づかなかったような子どもの好ましい行動が目につきやすくなってきます。

これは、以前は問題行動に反応していた親のセンサーが、適切な行動に反応するように変化したことを意味します。

また、外出中など公共の場では、「お父さんと手をつないで歩けて、えらいね」「レジの順番を待てるなんて、すごいよ」と親が先回りしてほめておくなど、スキルを応用して不適切な行動を防げるようになっていくでしょう。

「特別な時間」で練習していたことが日常生活でもできるようになっていくことを「般化《はんか》」といいます。

般化が進んで親が子どものささいな良い行動に注目するようになると、子どもの適切な行動がどんどん増えて、いつの間にか不適切な行動の頻度が減っている、というようなこともしばしば起こります。

年齢が高めの子どもの場合、家での「特別な時間」をやりたがらないケースもあります。そんな子どもの親が、日常生活にスキルを応用して大きな効果を感じた体験談を48ページでご紹介しました。

あなたの「特別な時間」を自撮りでチェック

毎日「特別な時間」をしていると、少しずつ親子の関係が良い方向に変わり始め、問題に感じていた子どもの行動が減り始めます。

第2章でお伝えしたECBIセレクト10を定期的につけてみると、その変化が実感できると思います。

治療としてのPCITでは、CDIスキルがマステリーしたら（マスターすることをいいます）、次の段階であるPDIに進みます。

その基準は、5分間の間に、具体的賞賛、繰り返し、行動の説明がそれぞれ10個以上、Don'tスキルの使用が合計3つ以下、まねる、楽しむが適切にできていて、不適切な行動が出たときに選択的注目ができることです。

この本を読んで「特別な時間」にきっちり取り組んでみたいと思う方は、自分の子どもとの遊びをスマホ等で5分間録画し、「親のスキルコーディングシート」（141ページ）でどれくらい自分がスキルを使っているか、カウントしてみてください。

できれば、初回から録画して変化を比べてみると効果がわかりやすいかと思います。録画は1週間に1回くらいで十分です。この程度の間隔があったほうが変化を確認しやすいでしょう。

クリニックではかなり厳格に判断しますが、家庭で取り組む場合は具体的賞賛、繰り返し、行動の説明がそれぞれ5個以上、Don'tスキルの使用が合計5つ以下になったら、かなり進歩していると思います。おそらく子どもの行動にも変化が見え始めているでしょう。

一般的には「特別な時間」を毎日の宿題にしてから2~3週間で少しずつ親子関係と子どもの行動に変化が出てきます。

継続は力なりです。親が子どもとの「特別な時間」を楽しいと思えるようになったら、そろそろ次の段階に進んでもいい時期に来ています。

親のスキルコーディングシート

date　／　／

Doスキル

チェック

行動の説明	
繰り返す	
ほめる(具体的賞賛)	
ほめる(一般的賞賛)	

Don'tスキル

チェック

質問しない	
命令しない	
批判しない	

まねをする	できた	あともうちょっと	
楽しむ	できた	あともうちょっと	
選択的注目 (無視のスキル＋ 反対の良い行動をほめる)	できた	あともうちょっと	機会なし

今日の「特別な時間」についての感想

大人と子どもの絆を深めるプログラム「ＣＡＲＥ」

子育て中の人以外でも、保育士や先生などＰＣＩＴに興味をお持ちの方におすすめしたい「ＣＡＲＥ（Child-Adult Relationship Enhancement）」は、治療のためのものではなく、子どもと良い関係を築く時に大切な養育のスキルを体験的に学ぶことができるプログラムです。

ＣＡＲＥはＰＣＩＴの、特にＣＤＩを取り入れ、他のプログラムも参考に開発されました。子ども虐待など、個別の治療だけでは間に合わないという危機感から生まれたもので大変コンパクトです。最短４時間程度のワークショップでスキルのエッセンスを学べます。想定されている子どもの年齢は２歳前後から思春期までです。

日本の自治体には、ＰＣＩＴとＣＡＲＥを一緒に導入する試みを始めたところもあります。もしお住まいの地域でＣＡＲＥのワークショップが行われていたら、ぜひ参加してみてください。

CARE-Japan　https://www.care-japan.org/

大声を出さなくても、しつけができる親に

焦らずに、「特別な時間」で土台づくりを

「特別な時間」で親子の日常が穏やかなものになってきたら、ＰＣＩＴの後半に進みます。次の段階をＰＤＩ（親指向相互交流）といい、「特別な時間」とは逆に、親のリードで遊びながら、親は効果的な命令を出す方法を学び、子どもは言うことを聞く練習をします。

子どもが言うことを聞かないことに悩んでいる親は、命令の練習を早く始めたいと焦っています。「よし、しつけをするぞ！」とこのページから本書を読み始めた方もいらっしゃるでしょう。その気持ちはよくわかります。

でも、残念ながら命令の練習から始めるとうまくいかないことが研究でもわかっています。みなさんも、関係が良い上司とそうでない上司では、同じ指示でも違って聞こえることを経験的に知っているでしょう。

もどかしい感じがするかもしれませんが、まずは「特別な時間」を十分にしておくことがとても大切です。「特別な時間」を始めたら、少なくとも２〜３週間は毎

日続けてください。

言うことを聞かない理由を考えてみましょう

「親の言うことを聞く良い子はたくさんいるのに、どうしてうちの子は言うことを聞かないの?」と悩む親はたくさんおられます。みなさんも同じ悩みを抱えているとしたら、その理由はどこにあると考えていますか。

「うちの子はあまのじゃくだから」「我が強いから」「わがままだから」等々、答えが返ってくるでしょう。もちろんそうした子どもの性格による部分も多々あるかと思いますが、ここではちょっと視点を変えて、子ども目線で見てみます。

①「言うことを聞かないほうがトクだよね」

子どもは、親の言うことを聞かないことで自分の要求が通る場合は、それが癖になって、ますます言うことを聞かなくなります。

たとえば、ママ友の家に子連れで遊びに行って、「夕ご飯の時間だから帰るよ」

と言っても、なかなか遊びをやめてくれない。「もうちょっとだけ」とズルズルしているうちに、結局お友達の一家と夕ご飯を一緒に食べに行くことに。しかも、それが大好きなハンバーガーとフライドポテトだった、というような場合です。

ママ友から「いいじゃないの、食べに行こうよ」と言われたら強く断るわけにもいきません。悩ましい展開です。

②「なんのことか、よくわかんない」

子どものころ、親から「ちゃんとしなさい！」「しっかりしなさい！」と叱られたことはないですか？　そのとき、どんな気持ちだったでしょうか？

私も子どもだったときに、「ちゃんとする」「しっかりする」とは具体的にどうしたらいいかわからず、固まったまま顔だけはへらへら笑ってしまい、さらに怒られた覚えがあります。

子どもは、親の命令の意味がわからないとき、言うことを聞かないような態度をとることがよくあります。もじもじしたり、私のようにへらへら笑ったり、下を向いて何も言わなかったり、怒ったような態度をとって横を向いたり。

自分から「何を言われているか、わからないよ」と言える子どもは、それほど多くありません。たいがいは自分がわかっていないこと自体、よくわかっていないのです。

③「言われた通りにしたけど、それで良かったの？」

子どもに命令や指示を出したあと、どのように対応していますか？

子どもが言われた通りにしたとき、あるいはしなかったときに、どのような言葉をかけているでしょうか？

大人は言葉や知識からものごとを学びますが、子どもは多くをパターンから学びます。パターンが一貫していないと、子どもは命令を命令として認識できないことがあります。

たとえば、親が子どもに「外から帰ったらすぐに手を洗いなさい」と声をかけたあと、子どもが一生懸命手を洗い「洗ったよ」と言ったにも関わらず、スマホに気を取られて返事もしなかったら、子どもは「ママはさっきああ言ったけど、実はそんなに大事じゃないのかな？」というふうに受け取ります。

あるいは、親に言われた通りにしたのに、親が「よくできたね」と反応してくれないと、それが正しかったかどうかが子どもに伝わらず、親の言うことに従わなくなっていくこともあります。

「特別な時間」に「言うことを聞く練習」をプラスする

繰り返しになりますが、PDIのしつけの練習は「特別な時間」をしっかりと積み重ねたうえで実施することが大きなポイントです。「特別な時間」で子どもが穏やかになり、親に協力的な態度になってきたところに、親の言うことを聞く練習を足していく形になります。

はじめてしつけの練習を行うときは、「特別な時間」にプラスする形で取り入れていきましょう。

5分の「特別な時間」が終わったあとで、「次はお母さん（お父さん）が遊びを選ぶ番です。言うことを聞く練習をします」と伝え、さらに5分はかかります。

遊びを続けながら、簡単な命令から練習を始めます。たとえば、子どもが使っていないおもちゃを指さして、「この赤いブロックをお母さんに取ってください」と言います。子どもが言うことをきいたら、必ず「お母さん（お父さん）のいうことをきいてくれてありがとう！」のように、具体的にほめます。

これが十分に聞けるようになったら、少しハードルの高い次の命令に移ります。子どもが遊びの手を止める必要がある「その後ろのクッションをお母さんに取ってください」、子どもが使っているおもちゃを親に渡す「今手に持っている電車を使いたいから貸してください」というような命令です。

遊びの状況の中で子どもにとって一番難しい命令は、切り替えとお片付けです。熱心に取り組んでいる遊びから切り替えて、別の遊びに移る、あるいは遊びを切り上げてお片付けをする。それは大人にとっても難しい命令といえるかもしれませんね。

命令の数は、30秒～1分に1つが目安です。命令と命令の間は、今まで通り、子どもリードの遊びをします。

遊びの中で、親に言われた通りにお片付けができるようになってくると、家での日常的な命令が子どもに通るようになってきます。

「今からご飯なので、手を洗ってきてください」

「お買い物に行くので、コートを着てください」

こうした日常的な命令をすっと聞いてくれたら、親もとても楽になりますよね。

効果的な命令を出せるよう、8つのルールを覚えましょう

「言うことを聞く練習」は、親が効果的な命令を出す練習でもあります。

「子どもが言うことを聞かない」という困りごとは多くの親に共通していますが、親が効果的な命令を出すだけで子どもが言うことを聞く確率が70%上がるという、驚きのデータもあるのです。

親がふだん何気なく出している命令が、子どもにとってわかりにくかったり、あ

いまいだったりすることは、多々あります。

これからお伝えする効果的な命令の出し方は、言いかえれば、「子どもにとって理解しやすい命令の出し方」です。親が効果的な命令を出せるようになると、子どもの反応も変わってきます。

次のページから、「効果的な命令のための8つのルール」について説明します。この8つのルールを使って、あなたのしつけをブラッシュアップしましょう。

＊「命令」について
「命令」という言葉はちょっと強いな、と思われる方がいるかもしれません。似たような意味を持つ言葉に、指示や指導、指図といったものがあります。PCITでは英語でいうコマンドCommandの翻訳に「命令」という言葉を割り当てました。それは、小さな子どもと親の間にははっきりとしたパワーバランスがあることを親に意識してもらうためです。

効果的な命令のルール①

直接的に命令形で

——ズバッと直球

第3章で、命令には直接的命令と間接的命令の2種類があるというお話をしましたが、子どもに絶対言うことを聞いてほしい命令を出すときは間接的命令ではなく、直接的命令を使います。つまり、「手を洗ってくれるかな?」ではなくて、「手を洗ってください」と言います。

間接的命令は、質問形や提案の形で子どもに伝えられるため、子どもにとっては選択肢が与えられる言い方です。親のほうが「してくれる?」と質問したので、子どもはイエス・ノーを選んで返事ができるのです。

親からの質問に対して、素直に「しない」と答えた子どもが、「言うことを聞きなさい」と叱られるのは、フェアではありません。

一方、直接的命令は、質問や提案ではなく、命令であることがハッキリしているので、子どもも混乱しなくてすみます。

直接的な命令に直しましょう

（シーン：1）おえかきで、クレヨンが出しっぱなし

使ったクレヨンはどうするのかな？

⬇

「**使ったクレヨンを元の場所に置いてください**」

（シーン：2）就寝時間にテレビを見ている

そろそろベッドに入ろうか

⬇

「**ベッドに入りなさい（入ってください）**」

効果

- **提案や質問ではなく、親がやってほしいことであるというメッセージが伝わる**
- **親子一緒にではなく、子どもが一人ですることを期待されているのを明確にする**
- **子どもの混乱を避ける**

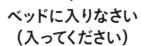

効果的な命令のルール②

肯定的な言葉で
——否定形はNG

親からの命令は、「してはいけないこと」や「してほしくないこと」ではなく、「してほしいこと」を伝えるようにします。

「○○してはいけません」という言い方は、第3章でふれたように、命令ではなく批判です。禁止形の言い方は、子どもの行動を批判するだけで、どうしたら良いかを伝えるものではありません。そのため、子どもは自分の行動が良くなかったことは理解できても、代わりにどうしたら良かったのかわからないのです。

また、聞いた言葉は耳に残るので、その行動をしやすくなるという特徴があります。「犬を思い出さないで」と言われたら、かえって頭に犬が浮かびませんか？ それよりは、「鳥を思い浮かべて」と言うほうがスムーズに実行しやすいのです。

子どもが病院の待合室で走り回っているときは、「走らないで」の代わりに、「お父さんの隣に座っていてください」と言いましょう。

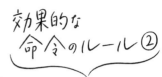

肯定的な命令に直しましょう

（シーン：1）クレヨンでテーブルに絵を描いている

テーブルに落書きしちゃダメ

↓

「絵は白い紙に描いてください」

（シーン：2）手づかみで肉を食べている

手づかみで食べないで

↓

**「お肉はフォークでさして
食べてください」**

効果

- **子どもに「何をしてはいけないか」ではなく、「何をしたら良いか」が伝わる**
- **すべき行動を伝えることで、しばしば子どもの否定的な行動を止めることができる**

効果的な命令のルール③

1回に1つ

――1つずつクリア

「帽子をかぶって、靴を履いて、玄関で待って」という命令のあと、子どもが帽子をかぶり、靴を履いて、しかし庭で走り回っていたら、どう声をかけますか？

多くの親は、「玄関で待ってと言ったでしょ」と叱り口調で声をかけると思います。子どもは3つの命令のうち2つも従ったのに、まったくほめてもらえません。

子どもが言うことを聞けるようになるためには、命令に従ったときはいつでもほめられる、という経験が大切です。複数の命令を同時に出してしまうと、その分ほめ忘れも起こりやすくなります。また、小さい子どもが一度に覚えていられる記憶の容量は限られているので、すべて覚えていられないということもあります。

そこで、子どもにしてほしいことが複数ある場合でも、命令は1回に1つだけ言うようにしましょう。

「机の上を片付けてください」のように、1つの命令に見えても、複数の手順が含

1回に1つだけの命令に直しましょう

（シーン：1）親子で積み木

赤を3個重ねて、一番上に
青をのせてください

⬇

「赤を3個重ねてください
＋
一番上に青をのせてください」

効果

- **子どもが命令を覚えやすい**
- **子どもが命令に従ったかどうかの判断がつきやすい**
- **子どもが命令に従うたびに、こまめにほめることができる**

まれているものもあります。その場合は、「ピンクのクレヨンを箱に戻してください」「クレヨンのふたを閉めてください」「おえかき帳をとじてください」と、一つ一つ命令を出すと、子どもにも理解しやすくなります。さらに、従うたびに親にほめてもらえるので、子どもは前よりも積極的に片付けをするようになります。

効果的な命令のルール④

具体的に
――してほしいことをハッキリと

子どもへの命令は、「何をしてほしいか」をできるだけ具体的に、わかりやすく伝えるようにします。あいまいな言葉は避けて、誰が聞いてもどう行動したら良いかがハッキリとわかる表現を使います。

その反対の、多くの親が言いがちな、あいまいな命令の例としては、「良い子にしていてね」「気をつけて」があります。

「良い子」とはどのような子どもでしょうか？　子どもが思う「良い子」と親が思う「良い子」が同じとは限りません。

「気をつける」とはどうすることでしょうか？　子どもなりには気をつけていても、親から見ると全然気をつけていないような場合もあるでしょう。

「良い子にしていてね」の代わりに「ここに座っていなさい」「お口にチャックしてください」といった言い方にすると、うんと具体的でわかりやすくなります。

具体的な命令に直しましょう

（シーン：1）食事中に椅子からおりて立ち歩いた

お行儀良くして

⬇

「**椅子に戻ってください**」

（シーン：2）デパートで勝手にどこかに行こうとした

何やってるの！

⬇

「**お母さんの手をにぎってください**」

効果

- **何を期待しているかを子どもに確実に知らせることができる**
- **子どもにとってわかりやすい**

効果的な命令のルール⑤

発達年齢を考えて

——無理なものは無理

効果的な命令のルールの5つ目は、発達年齢に見合ったものにすることです。子どもが理解できて、無理なく実行できる内容を選ぶようにします。

「お皿を流しに運んでください」という命令は、7歳の子どもには簡単にできることですが、流しに手の届かない3歳の子どもにはできません。

年齢相応の内容であっても、その子どもが能力的に難しいものも避けるべきです。たとえば、実年齢としては三角形を描けてもよい年齢だけれども、まだうまく描けないような場合です。いくら子どもに言うことを聞く気持ちがあってもできないことを命令されるのは、アンフェアですね。その場合は「線を1本描いてください」「ぐるぐる描いてください」のような命令にしましょう。一般的には三角形が描ける年齢でも、子どもによってはなかなかできないこともあります。三角形を描く練習をさせたい場合は、また別の機会にするようにしましょう。

発達年齢に見合った命令に直しましょう

シーン：1　2歳の子どもへ

そのグリーンのブロックを
しまってください

⬇

「そのみどりのブロックを
ここに入れてください」

シーン：2　まだ時計が読めない子どもへ

5分になるまで待っていてください

⬇

「長い針がここに来るまで
待っていてください」

効果

- 発達年齢に見合った命令にすることで、子どもは命令を理解できる
- 子どもが命令を実行しやすい

効果的な命令のルール⑥

ふつうの声で

――大声は混乱のもと

アニメの『サザエさん』では、いたずらをしたカツオが父親の波平に「ばかもん！」と大声で怒鳴られ、「おまえはしばらくここで反省しろ！」と物置に放り込まれるシーンがあります。強い口調で出された命令は、子どもが言うことを聞くという即効性があって一見良いように思われるかもしれませんが、子どもの立場としては、怖いから聞いているのであって、実は肝心な命令の中身は理解していないような場合も多々あります。

また、大声で命令を出すことを繰り返していると、子どもは親が怒鳴ったときだけ従うようになります。家庭生活ではそれで良くても、学校で怖い先生の言うことしか聞かなくなってしまったら、集団生活はちょっと厳しいものになりますよね。

一方で、ためらいがちな声の調子で出す命令も、子どもに「やらなくてもいいのかな？」という印象を与えるおそれがあります。

子どもは大人が思うよりもずっと、こちらの声色や表情を見ているものです。子どもに怖がらせることなく、しかし親が本気であることを伝えるためには、礼儀正しく、ふつうの声で「○○してください」と言うことが大切です。

効果

- **子どもが耳を傾けるようになる**
- **怒鳴られたときだけ命令に従うことを覚えてしまうことを避けられる**
- **礼儀正しく出された命令は、子どもが学校で先生の命令に従う準備になる**

効果的な命令のルール⑦

前後に説明

――理由を理解させる

命令を出す前に理由を伝えると、子どもは命令に従いやすくなります。たとえば、「これからスーパーに買い物に行くよ。本を棚に戻してください」のような言い方です。突然「本を棚に戻してください」と言うのに比べて、気持ちの切り替えがしやすくなります。

また、子どもが命令に従ったあとのタイミングで理由を説明するのも、良い方法です。

「本を棚に戻してくれてありがとう。すぐに片付けてくれたから、スーパーでゆっくり買い物ができるよ」といった言い方をすると、子どもは「今やったのは、良いことだった」と理解が進みます。

命令を出したあと、子どもからの「なんで？」という反応は、多くの親が一度は経験されているのではないでしょうか。もし、このタイミングで「これからスーパ

効果

- 命令を出す前に理由が伝えられることは、命令に従う行動を増やす
- 命令に従ったあとに理由を伝えることは、子どもに良い行動を教えていることになる
- 子どもが命令に従わない行動を助長することを防ぐ

ーに買い物に行くからだよ」と説明すると、たいてい子どもは「あともうちょっと」と返してきて、さらに親が言い返して…という具合に、命令に従うまでの時間がどんどん長くなってしまいます。これはある意味、子どもの「引きのばし作戦」に親が巻き込まれてしまっているのです。

理由を伝えるのは命令を出す前か子どもが従ったあとと決めておけば、子どもが命令に従わなくていいようにごまかしたり、ぐずぐずしたりする行動を助長しなくてすみます。

効果的な命令のルール⑧

必要なときだけに
――メリハリを

ここまで効果的な命令を出すためのポイントを7つ紹介してきました。これらのポイントをふまえて、日常生活の中で命令を出すのは、「ここぞ！」という、大事なことだけにしましょう。

ご自身に置き換えてイメージしてみてください。命令の多い上司や先生のもとにいるのはどうでしょうか？　丁寧な言い方だとしても、あまり良い気持ちはしないと思います。同じように、子どもも親からの命令が多すぎるとフラストレーションがたまってしまいます。

また、命令が多いと子どもがやり遂げるのを親が見届け、ほめることも難しくなってきます。

親子で遊びながらの「言うことを聞く練習」では、とにかく練習ですから30秒〜

1分に1回が目安とし、簡単な命令を複数回出します。これは野球でいえば、ゴロの捕球練習のような基礎練習にあたります。ふだんの生活の中での命令は、言わば公式試合で、本当に大切なことや子ども自身の力で必ずやってほしいことに限定します。

それ以外は、「一緒に○○しよう」など、間接的命令の言い方でかまいません。たとえば「信号が青になるまで止まっていてください」という命令は、直接的命令の言い方がふさわしいと思いますが、スプーンを持ってきてほしい程度のことは、「お母さんにスプーンを持ってきてくれたらうれしいな」という間接的命令で差し支えないでしょう。

もしスプーンを持ってきてくれたら。直接的な命令と同じく、「手がふさがっていたの。助かるわ、スプーンを持ってきてくれてありがとう」と具体的にほめましょう。

効果

- **子どものフラストレーションを減らす**
- **重要な命令とそうでない命令のメリハリがついて、ここぞ！というとき従いやすくなる**

「すぐに言うことを聞いてくれて、ありがとう」を忘れない

以上が「効果的な命令のための8つのルール」です。ご自身がふだん出している命令と比べて、いかがですか？　ポイントが8つもあって多いように感じるかもしれませんが、いつも決まった言い方で命令を出すことになるので、慣れてくると今までよりも命令が出しやすいと感じられると思います。

また、親が思っていた以上に、子どもに言うことを聞く準備があったのだと驚くかもしれません。

言うことを聞くことを定着させるために、もう1つ、とても重要なことがあります。

子どもが命令にさっと従ったときは、「すぐに言うことを聞いてくれて、ありがとう」「ぱぱっと動いてくれて、とってもうれしいよ」と具体的にほめることです。「車をおもちゃ箱に片付けてください」と命令を出したときに、もし子どもが「もっとやりたかったのに。お父さんなんてキライ！」と言いながら車を箱に入れたと

しても、ここは「すぐに言うことを聞いてくれて、ありがとう」と具体的にほめます。態度はどうあれ、親の命令にすぐ従ったからです。

子どもの良くない態度はスルーし、良い行動に注目する「選択的注目」がここに生きてきます。

「親の命令に従ったときは必ずほめられる」という経験を繰り返すことによって、子どもはそれほど負担に思わず、親の言うことが聞けるようになっていきます。これは、良い行動に注目し、その行動を強化するという行動科学に基づいた方法です。命令を出してそれに従ったあとのほめ言葉は、特に「随伴的賞賛」といいます。

親の中には、時々「当たり前のことをして、なんでほめないといけないの?」という方もいます。しかし、生まれてからたった数年の子どもに「当たり前のこと」はありません。隣の家の人に会ったら「こんにちは」とあいさつすることさえ、2～3歳の子どもにはまだまだ当たり前ではないのです。

親が「できて当たり前」と思っていることを小さな子どもができるようになるには、多くのステップが必要です。子どもは親からのほめ言葉がうれしくて、ステップを一段一段上がっていきます。

「しょうがないわねえ」と、あきらめない

みなさんは命令を出したあと、子どもが言うことを聞く、聞かないを、どのように判断していますか？

ＰＣＩＴでは、１つの命令を出したあと、５秒以内にできたら、言うことを聞いたとみなします。親が口に出して「５、４、３、２、１」とカウントダウンすると、子どもは脅されているように感じるかもしれないので、心の中で数えましょう。５秒以内に子どもが言うことを聞いたら、すぐにほめます。

ちょっと気をつけたいのが、言われた通りの行動を始めそうなときにほめるのではなく、実際にやった段階でほめることです。「○○を取ってきてください」と子どもに言ったなら、子どもが立ち上がったときではなく、それを渡してくれたときにほめます。

５秒過ぎていないうちに親が次の命令を出したり、わかりにくい命令を出してしまった場合は、親のミスになります。

では、わかりやすい命令だったのに、５秒経っても言われたことを始めようとしなかったり、いったん始めた行動をやめたりしたら、あなたならどうしますか？

ここから先の手順は、ＰＣＩＴでは「ＰＤＩの手順」と呼んでいます。そのキーワードは「一貫性」「予測性」「徹底性」です。

前にもお話ししましたが、子どもはパターンで学習するため、しつけも一貫性のある、決まったパターンでやることが大切です。毎回違ったやり方では、子どもは混乱し、言うことを聞かなくなります。

また、子どもは先のことを予測するのが苦手ですが、シンプルなパターンを学習していれば、「〇〇すると××になる」という予測が立てられるようになります。

そこでＰＣＩＴでは、「親の言うことを聞くとほめられる。言うことを聞かないとタイムアウトの椅子に座らされる」というシンプルなパターンを使います（タイムアウトについては、次に説明します）。

そして、「親が正しいやり方で命令を出したときには、子どもは言うことを聞かなくてはいけない」ということを親子に定着させるには、徹底性をもって命令を最後までやり遂げることが重要です。

子どもの反抗的な態度に根負けすると、子どもはそのパターンを学び、どんどん言うことを聞かなくなります。一度出した命令はうやむやにしないで、きちんとさせることが大切です。

正座よりも「タイムアウト」

アメリカでは子どもが言うことを聞かなかったとき、体罰の代わりに「タイムアウト」が広く行われています。

タイムアウトとは、命令しても言うことを聞かなかった場合や、悪い行動をした子どもに注意をしてもやめない場合に、親が「タイムアウト」と言って、決まった場所に座らせて落ち着かせ、親の言うことを聞く気持ちになったら元の遊びに戻るというものです。バスケットボールやアメリカンフットボールの試合を中断するときの「タイムアウト」が名前の由来といわれます。

アメリカ発のＰＣＩＴでは、ＰＤＩのしつけにタイムアウトを取り入れています。「言うことを聞く練習」で親が効果的な命令を出しても、5秒以内に言うことを聞くか、言うことを聞くための行動を起こさなかったときに使います。

タイムアウトは日本になじみのない方法ですが、日本式の正座や物置での反省などより身体的な負担が少なく、日本の家庭でも取り組めます。

タイムアウトのときに座らせる場所は、アメリカでは一人掛けのソファなどを使います。ちょうどいい椅子がない場合は、がっちりした倒れにくい大人の椅子を使うことをすすめています。大きめの座布団でも良いでしょう。子どもが集中できるように、場所は部屋の隅などが向いています。おもちゃやテレビなど、子どもの気が散るものは見えないようにします。そして椅子は壁側に向けます。

おそらく、乱暴な子どもをタイムアウトの椅子に座らせることは、慣れないうちは大変です。クリニックでは子どもが暴れたら、親が後ろから抱きかかえるようにして椅子に座らせることをすすめていますが、子どもの年齢や体格によっては親一人では難しいかもしれません。

なんとか椅子に座らせたあとも、乱暴な子は椅子を揺らしたり、立ち上がったりするので、椅子がひっくり返りそうになります。ですのでタイムアウトの椅子を置くスペースや、部屋の環境には十分注意しましょう。

やりとげられるか不安がある場合はＰＣＩＴセラピストのコーチングのもとで取り組むことをおすすめします。

「タイムアウト」をしんちゃんと練習

タイムアウトを家でどのように行うのか、クレヨンしんちゃんとみさえママに協力してもらって説明しましょう（※きっとこんな様子があるはずだと想像した創作です）。

野原家では「特別な時間」に3週間前から取り組んできました。最近は命令の練習をプラスしています。

今日はお風呂上がりに1日5分の「特別な時間」に続き、「言うことを聞く練習」に入ったとたん、しんちゃんはパジャマのズボンとパンツを脱いで、妹ひまわりの前で踊り始めてしまいました。

みさえ　しんちゃん、パンツをはいてください。

（しんちゃんはパンツを持って踊り続ける）

みさえ　もしパンツをはかなかったら、

しんちゃんはタイムアウトの椅子に座ることになります。

（しんちゃん踊り続ける）

みさえ　（5、4、3、2、1と心の中で数える）

みさえ　しんちゃんはママがしなさいと言ったことをしなかったから、

タイムアウトの椅子に行くことになりました。

あらかじめ用意しておいたタイムアウトの椅子にしんちゃんを連れていく。
ここではパンツはまだはかせない。

みさえ　ママがいいと言うまで椅子に座っていなさい。

しんちゃん　（しぶしぶ椅子に座るしんちゃん、すぐ退屈する）

いや〜ん、ママ、冷た〜い、こっち見て〜。

みさえ　（しんちゃんのほうを振り向かず、ひまわりを連れて台所へ）

子どもはどんな年齢でもタイムアウトの椅子に3分座らなくてはいけません。3分経っても、静かにしなければそのままです。3分座って、さらに5秒静かにしていられたら、迎えに行きます。

しんちゃん　（シーン）

みさえ　しんちゃんは静かに座っていることができました。

パンツをはきますか？

しんちゃん　うっほほーい。

みさえ　（パンツを指さす）

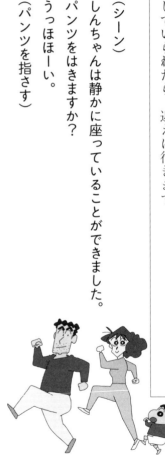

しんちゃん　（パンツをはく）いや～ん、あったか～い。

みさえ　いいでしょう。

最初の命令に従わなかったので、ここではまだほめません。すかさず次の命令です。

みさえ　今度はパジャマのズボンをはいて下さい。

しんちゃん　はーい。（パジャマのズボンをはく）

みさえ　すぐにママの言うことを聞けて、かっこいいじゃない！

2つ目の命令にすぐに従ったら、具体的賞賛でほめます。

もし、親が「もういいよ」と言う前に子どもがタイムアウトの椅子からおりたら、親は「しんちゃんはママがいいという前にタイムアウトの椅子からおりました。もし、また椅子からおりたら、しんちゃんはタイムアウトの部屋に行くことになります」というふうに警告を出します。

それを聞いて子どもが椅子に戻り、おとなしく座っていたら元の手順に戻りますが、また椅子からおりてしまった場合は「タイムアウトの部屋」に連れていきます。

タイムアウトの部屋は、明るくて、怖くない、危険なものもない、おもちゃなど楽しいものがない部屋を使います。昔の日本で使った「暗くて狭い押し入れの中に入れるしつけ」とは違います。親の寝室やバスルームなどが向いています。

親は「ママがいいと言う前に椅子からおりたからタイムアウトの部屋に行くことになりました」と言いながら、タイムアウトの部屋に子どもを入れ、部屋の外で1分待ちます。時間が過ぎてさらに5秒静かにしていられたら、子どもをタイムアウトの椅子に戻し再び3分座らせます。子どもによってはタイムアウトの椅子と部屋をいったりきたりしますが、3分間座りきるまであきらめずに続けます。

その後、改めて「○○しますか?」と最初の命令を繰り返し、命令に従ったら元の遊びに戻します。

私が体験したPCIT③

意思疎通のできなかった子が、「本を読んで」と要求するまでに

東京都　6歳男児（幼稚園年長）の母

コミュニケーションが苦手な息子

私の息子は自閉症スペクトラム症（ＡＳＤ）という障害があり、非言語コミュニケーションを含め、コミュニケーション全般が苦手です。また、外に表れる行動と気持ちがちぐはぐで、家族以外に本人の気持ちが伝わりにくく、外出先や集団生活の場面ではよく誤解を受けています。たとえば不安なときに走り回ったりするので、ふざけていると誤解されてしまうのです。

育児に難しさを感じる中で、ある団体の「養育者プログラムモニター事業」に参

加し、その先生のすすめでＰＣＩＴ専門のクリニックのお世話になりました。親子関係を良くするためのＣＤＩは、教わるスキルが療育で教わった声かけのスキルと重なっている部分もあり、宿題もそれほど負担と感じませんでしたが、命令や指示に従うことをさせるＰＤＩでは大変苦労しました。私としては「本人の要求がかなえられる経験を増やしたい」「本人の『こだわり』にできる限り付き合いたい」という思いがあり、息子を親の指示に従わせることが本人にとっていいことなのかどうか、と不安に感じることもありました。担当の先生にそれを伝えると、先生からは「お子さんはもうすぐ小学校に上がるので、指示に従うことができるようになったほうがいいと思いますよ」と言われ、気持ちが変わりました。

子どもに伝わる言葉が選べるように

ＰＤＩを始めるときに、発達障害のある子に無理強いをすることで二次障害が出てこないかということも気になっていました。たとえば、子どもが外出中に奇声を発するととても困ってしまうのですが、「大きな声を出してはいけません」と伝えることが子どもの負担になるのでは、と思ったのです。それについて先生から、「お母さんと一緒に遊べているときには奇声を発しないですよね。自分に注目してもらいたいための行動の可能性もあるかもしれませんよ」と言われました。

指示や命令の出し方については、発達障害のあるなしを問わず、具体的であることが大事だと教わりました。毎日なかなか入浴したがらない息子を入浴させるための指示をどういう言葉にするか、先生と考えていたときのことです。服を脱ぐまでに時間がかかるので、私は「服を脱いでください」がいいのかな、と思いました。それに対して先生からは「服といってもシャツやパンツなどあるので、それでは命令通りにできたかどうかの判断があいまいになりますよ」と指摘されました。もっと良い言葉を見つけるため、先生に入浴前の息子の様子についてくわしく説明しているうち、なかなか服を脱がないことが問題ではなく、遊びやテレビから入浴へと切り替えられないことが問題であることが明確になりました。そこで、我が家では「お風呂場に来てください」と指示することに。この経験がその他の指示でも大変参考になりました。

トレーニング開始から5カ月ほど過ぎた今、息子は自らスキンシップを求めてきたり、一緒に見ようと図鑑を持ってきたりしてくれます。外出先では、以前は息子と手をつないでいても手を振りほどかれ、好き勝手に歩き回ってしまうので、手首をつかんだり、抱っこやおんぶで移動することが多かったのですが、最近は自分から手をつないでくれます。苦手だった「見通し」や「切り替え」も上手になったと思える場面が増えています。お世話になっている言語聴覚士の方からも、応答性が良くなってきたとのコメントをいただきました。

しつけも含め、「うちの子には難しいんじゃないかな」と半ばあきらめていたことが以前は多くありました。今はそれらを息子の「伸びしろ」だと思えるようになっています。

難しさを感じたら、一人で悩まないで

ＰＣＩＴでは、遊びの中で親が子どもに75％以上効果的な命令を出すことができ、そしてその命令に対して親が75％正しい一貫性を示したときに、しつけの練習であるＰＤＩを修了したとみなします。

正しい一貫性とは、親が効果的な命令を出して子どもがそれに従ったあとに惜しみない具体的賞賛を与えることと、命令に従わなかったあとに警告を出し、引き続きＰＤＩの手順に沿った対応をすることです。

「特別な時間」に比べて難しそうに感じる方も多いのではないでしょうか。そう、ＰＤＩはかなり行動療法のスキルが使われているところですから、難しくて当たり前です。むしろ、私はＰＣＩＴを学び始めてから、どの親もこんな難しいことを自力で日々頑張っていたのかと改めて感心し、子育てをしていたころの自分をほめてやりたい気持ちにもなりました。

親のスキルだけでなく、子どもの特性も環境も、いろいろなことが絡み合って子どもの問題行動は出てきます。しつけの練習であるPDIは、コーチがいたほうが順調かつ確実に進みやすいところです。

「特別な時間」で親子の関係が改善されると、それだけで子どもは気持ち良く言うことを聞いてくれるようになることが多いですが、もしもさらにしつけの練習が必要な場合は、一人で頑張りすぎないでください。

もしかしたら、セラピストが付いた治療を受けた方が、安全で、しかも改善が早い子どもがいるかもしれません。例えば、①ECBIセレクト10のやんちゃ度や困り数がとても高く、CDIに取り組み始めてもなかなか下がらない、②体罰をやめたいと思ってCDIを始めてみたが、2週間やってもまだ手がでてしまう、③選択的注目（無視のスキル＋反対の良い行動をほめる）がどうしてもできない、④PDIを始めてみたが、子どもが言うことを聞かない、⑤子どもに対する怒りがコントロールできない、といった場合です。

クリニックのＰＣＩＴでは、１回60分のセッションを、前半７〜８回、後半７〜８回行います。修了までは、早くて３か月、長くて半年ほどかかります。

治療が必要なほど大変な状況だから時間がかかるともいえますが、病院や療育センターに行くほどでもないケースでも、それなりに時間がかかります。親子の行動を変えるには、ある程度の時間が必要なのです。

クリニックでの治療としてのＰＣＩＴは、
○ＣＤＩマステリー
○ＰＤＩマステリー
○ＥＣＢＩの評価が平均近くになる
○親が自分で子どもの行動管理をやっていけると自信をもつ
という４つの基準をすべて満たしたときに修了とします。

ここまでやってきて、「よし、だいぶ良くなったぞ」と思う方も、「特別な時間」はできる限り長く続けるようにしてください。就学前の子どもは小学校に上がるまで。小学校低学年の子どもは中学年になるまでが目安です。

子育てについての悩みを人に相談することは恥ずかしいことどころか、親としてとても勇気のある自立した行動です。ＰＣＩＴを実施している施設はまだ限られますが、情報はPCIT-Japanのホームページからも得られますし、また、日本にはＰＣＩＴだけでなく、他のプログラムを受ける機会もあります。地域の児童相談センターや子育て支援センターに相談してみてもいいでしょう。

PCIT-Japan　http://pcit-japan.com/

おわりに

最後まで読んでくださってありがとうございました。

本文でＤＰＩＣＳについて触れる機会がなかったので、最後に少しだけお話ししておきたいと思います。

ＤＰＩＣＳ（Dyadic Parent-Child Interaction Coding System　親子対の相互交流評価システム）は、親と子どもの１対１の会話について評価するためのものです。ＰＣＩＴにとってＤＰＩＣＳはＥＣＢＩと並んで最も重要な、なくてはならないものの一つです。

たとえば、こんなふうに親の発言を評価（コーディング）します。

子ども　〈絵を描いている〉
親　さわちゃんは上手に絵を描いています。〈具体的賞賛〉
子ども　アンパンマンだよ。
親　アンパンマンなのね。〈繰り返し〉
子ども　♪こ～れ～は～アンパンマンだ～よ～♪
親　さわちゃんは自分でつくった歌を歌っています！〈行動の説明〉
上手です！〈一般的賞賛〉

親子の会話の文章を一つ一つ区切って丁寧にコーディングします。親のスキルがマスターに近づいているかどうかをしっかり確認していくのです。

私はこのＤＰＩＣＳが大好きで、お買い物にいったときなど、そばの親子が会話をしているのが聞こえると、つい頭のなかでコーディングしてしまうこともあります。

（おっ、お父さん、上手に繰り返してきたよ）
（おっと、お母さん、そこで文句を言ったら子どもの思うつぼかも）

そしてもう1つ。ＰＣＩＴの特徴の1つにコーチングがある、ということは本文にも書きました。プレイルームという遊びの部屋に入るのは子ども一人と親一人の二人だけで、親は耳にイヤホンを入れ、セラピストは親に別室から直接的で即時的なコーチングをします。コーチングの基本は、素早く、肯定的に、熱心に、サポーティブに、親子にしっかり注目して、そして一歩先に行くことです。

ＣＤＩとＰＤＩのコーチングは少しやり方が違います。ＣＤＩコーチングは親の後についていきます。例えば歌手が歌うときのピアノ伴奏者や、社交ダンスの男性（リーダー）のような存在で、ＣＤＩの主役は子ども、子どもを支えるのは親、そして親を支えるのがセラピストです。一方、ＰＤＩでは、親子が誤学習しないように、セラピストが前に出て引っ張ります。オーケストラの指揮者のようなイメージです。

治療が進んでいくと、親子とセラピストの間にもよい交流が生まれ、セッション中はまるで一緒に躍ったり、コーラスをしたりしているような感じになります。

この本は、家で手軽にＰＣＩＴのスキルを学んで使っていただくことを目指していますが、コーチングの入ったＰＣＩＴもどこかで経験していただけると、また違った良さをわかっていただけるのではないかと思います。


ＰＣＩＴをやっていてしみじみ感じるのは、お父さん、お母さんの言葉は子どもにとって魔法のような力を持っているということ。

普段の何気ないやり取りでそれを感じることは難しいかもしれませんが、コーディングしながら子どもの反応を観察していると、それがすごくよくわかります。そして、子どもの反応や言葉も、親にとってとても大きなインパクトがあるのです。

本文でも、遊びの場面をビデオで撮って振り返りをしてみてはどうかとお勧めしました。実際にやってみると、子どもの思わぬ反応が見えてくると思います。

お父さん、お母さん、どうぞご自身の言葉が持っている大きな力を感じ、そして信じてください。

最後に、この本の執筆にあたり、支えて下さった小学館編集部の中西彩子さんと長野伸江さん、日本ＰＣＩＴ研修センターの川崎雅子先生、若松町こころとひふのクリニックの加茂康二先生、ずっと同志であり続けてくれている２人の子どもたち、この本に体験談を寄せてくださったお母さまたち、そしてずっと導いてくださっているアイバーグ先生とエリザベス先生に心から感謝をささげます。

この本が皆さんのお役に立つことを願って。

２０２０年４月　緊急事態宣言発令の日

加茂登志子　かも・としこ

東京女子医科大学卒業。元東京女子医科大学精神神経科教授。

東京都女性相談センター嘱託医、東京女子医科大学附属女性生涯健康センター所長を経て、2017年若松町こころとひふのクリニックPCIT研修センター長および一般社団法人日本PCIT研修センター所長。PCIT Internationalグローバルトレーナー。

東京女子医科大学附属女性生涯健康センターでは、メンタルケア科の中心的存在として所長を務め、女性のメンタルケアの専門医として全国に名を馳せたスペシャリストである。

現在は、PCITグローバルトレーナーとして、子どもの心や行動の問題、育児に悩む親に対し、親子の相互交流を深め回復に向かうように働きかける心理療法「PCIT」(Parent Child Interaction Therapy)（親子相互交流療法）を取り入れた治療や、認定セラピスト・トレーナーの育成を行っている。


日本PCIT研修センター公認サイト　https://pcittc-japan.com/

取材協力
川崎雅子
日本PCIT研修センター臨床部長
公認心理師・臨床心理士
PCIT International Within Agency Trainer
CARE-Japan認定ファシリテーター

1日5分で親子関係が変わる！

育児が楽になる！

PCITから学ぶ子育て

2020年6月2日　初版第1刷発行
2024年5月26日　　第6刷発行

ブックデザイン
阿部美樹子
イラスト
オグロエリ
編集協力
長野伸江
編集
中西彩子

著　者　加茂登志子
発行人　青山明子
発行所　株式会社　小学館
〒101-8001　東京都千代田区一ツ橋2-3-1
編集 03-3230-5623　販売 03-5281-3555
DTP　株式会社昭和ブライト
印刷所　萩原印刷株式会社
製本所　牧製本印刷株式会社

ISBN 978-4-09-311425-7